クレーム

[建築携帯ブック]

社団法人 建築業協会施工部会 [編]

井上書院

発刊にあたって

　建設業におけるクレーム問題は，品質保証体制の確立と信頼確保に向け，業界全体として積極的に取り組んできた。しかし，近年の建築物の多様化・多機能化・高度化に伴い，クレームもこれまで以上にさまざまな問題を生み出し，完成工事高に対する補修費の割合は増加傾向にあって，必ずしも満足のいく結果となっていないのが実情である。

　(社)建築業協会は，これまで会員各社が取り組んできたクレーム問題に対する研究の成果として『建築工事 瑕疵・クレーム防止技術マニュアル』(1988) および『同 改訂版』(1995) を出版し，業界から高い評価を得てきた。上記2冊はいずれも会員各社の「建築生産におけるクレーム補修に関するアンケート調査」に基づいたものであり，クレーム問題に対する各社の意識・取組み方が反映されたたいへん意義のある貴重なデータであった。

　このたび，前回の改訂版の出版から8年が経過し，クレームの内容も変化してきていることから，再び会員82社に同様のアンケート調査を実施し，その内容を一部紹介するとともに，全事例の見直しを行うこととした。現状に合った新しい事例を盛り込むと同時に，現象・原因・対策に加え，処置方法と再発防止のポイントを新たに示した。また，建築に関わるすべての方の利便性を考慮して，つねに携帯できるよう紙面の刷新も併せて行うこととなった。本書が，建築物の品質向上とクレーム防止に役立つハンドブックとして活用いただければ幸いである。

　最後に，今回の出版にあたって，お忙しいなかアンケートにご協力いただき，貴重な技術データや事例を提供いただいた会員各社に対して御礼申し上げる次第である。

　　　　　　　　　　　2003年4月　クレーム防止専門部会

CONTENTS

- **1章 本書の見方・使い方** ……………………… 6
- **2章 部位別クレーム事例一覧** ………………… 8
- **3章 漏水対策** …………………………………… 10

  外壁
  - 1 構造スリットからの漏水 ……………………… 10
  - 2 外壁コンクリートの打ち継ぎからの漏水 …… 12
  - 3 コンクリートクラックからの漏水 …………… 14
  - 4 半地下の地中壁からの漏水 …………………… 16
  - 5 外部建具からの漏水 …………………………… 18
  - 6 RC造廊下スラブ底からの漏水 ……………… 20
  - 7 廊下PC板ジョイント部からの漏水 ………… 22
  - 8 ベンドキャップからの漏水 …………………… 24
  - 9 設備配管からの漏水 …………………………… 26

  屋根
  - 1 防水層立上がり部の納まり不良（1）………… 28
  - 2 防水層立上がり部の納まり不良（2）………… 30
  - 3 押さえコンクリートの受熱による膨張挙動 … 32
  - 4 露出防水での水溜まり部分の早期劣化 ……… 34
  - 5 ウレタン塗膜防水の膜厚不足 ………………… 36
  - 6 ウレタン塗膜防水層の膨れ …………………… 38
  - 7 排水ドレンの設置不良による漏水 …………… 40

- **4章 剥離・剥落対策** …………………………… 42

  外装タイル
  - 1 張付けモルタルの塗り厚不足（1）…………… 42
  - 2 張付けモルタルの塗り厚不足（2）…………… 44
  - 3 目地付近からのタイルの剥離・剥落（1）…… 46
  - 4 目地付近からのタイルの剥離・剥落（2）…… 48
  - 5 防水層からの外装タイルの剥離 ……………… 50

  外壁塗装
  - 1 外壁ウレタン塗装の剥離 ……………………… 52

  コンクリート
  - 1 床コンクリートの剥離 ………………………… 54
  - 2 下地クラックの追従によるひび割れ・剥離 … 56
  - 3 外壁打ち放しコンクリートの剥離（打ち継ぎ）… 58
  - 4 外壁打ち放しコンクリートの剥落（柱・梁）… 60

  内装材料
  - 1 下地の剥離 ……………………………………… 62
  - 2 フローリング床の剥離 ………………………… 64
  - 3 接着剤張り工法によるタイルの剥離 ………… 66
  - 4 LGS下地とGL下地の取合い部の亀裂 ……… 68
  - 5 鉄骨梁型の耐火被覆材の剥離・剥落 ………… 70

5章	**沈下・浮き上がり対策**	72
	1 浮力による建物の浮き上がり	72
	2 土間コンクリートの沈下	74
	3 土間埋設配管の破損	76
	4 エキスパンションジョイント金物の破損	78
6章	**結露対策**	80
	1 断熱材の施工範囲の不備による結露	80
	2 断熱材の厚さ不足による結露	82
	3 断熱材の施工不備による結露	84
	4 夏型結露	86
7章	**遮音・騒音対策**	88
	1 遮音の不備による騒音	88
	2 床鳴り	90
8章	**汚れ対策**	92
	1 床仕上材に染み出てきた汚れ	92
	2 床石回りの白華現象による汚れ	94
	3 床タイル回りの白華現象による汚れ	96
	4 外装パネルの目地回りに発生した汚れ	98
9章	**臭い対策**	100
	1 床仕上材から発生した異臭	100
	2 集合住宅のバルコニーから発生した異臭	102
10章	**その他のクレーム対策**	104
	1 圧縮・熱伸びによるアルミサッシの方立変形	104
	2 網入りガラスの熱割れ	106
	3 現場発泡ウレタンの二次発泡	108
	4 軒天井材の破損	110
	5 軒天井に発生した錆	112
11章	**設備関係のクレーム対策**	114
	1 雨水排水ポンプ稼動時に発生する騒音	114
	2 トイレの排水時に発生する騒音	116
	3 空調屋外機の効率低下	118
12章	**付録**	120
	結露	
	1 結露の原因とメカニズム	120
	2 結露のしやすい箇所と発生源	121
	シックハウス	
	1 シックハウス問題に関する取組み	122
	2 改正建築基準法の概要−技術的基準	123
	3 改正建築基準法のポイント	124

1章 本書の見方・使い方

① 構 成

本書は、現象別によく起きる55のクレーム事例について、各事例を見開きで構成し、事例→現象→原因→処置→対策→品質管理のポイントの順に解説している。

左ページには、クレームの事例写真（不具合の該当箇所を○や→で表示）を掲載し、クレーム発生の原因を解明するとともに、クレームを起こした場合の対処方法を示した。

右ページには、クレームの再発防止に向けて、該当する事例がどの段階でのチェックを必要としていたのかをシンボルマーク（下記参照）で示すとともに、正しい納まりや施工指針を図解し、再発防止、品質管理のポイントを簡潔にまとめた。

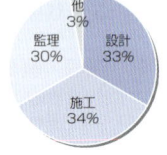

生産工程別クレーム発生の原因

■シンボルマークについて

本書では、クレーム防止に向けて設計、施工、監理の各担当者が取り組む項目を明確にするために、以下のシンボルマークで分類した。

 設計者・工事監理者　　 施工管理者・専門工事業者

② クレーム対応の実績

「建築生産におけるクレーム補修に関するアンケート調査」平成14年実施より

■クレーム補修費用（完成工事高に対する比率）の推移

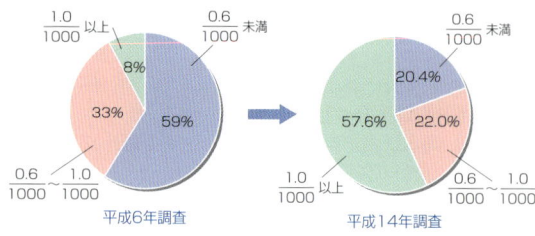

■クレーム内容　　　■クレーム発生時期

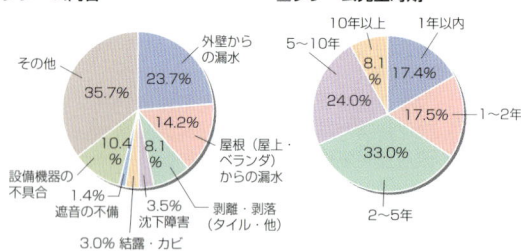

③ 品質管理のポイント

クレームの原因を排除し、二度と同じようなトラブルを起こさないためには、設計、施工、監理のそれぞれの段階での十分な打合せと検討が必要である。施工部位ごとに要求される品質を確保するために、設計段階あるいは施工計画、施工管理を行う上でのポイントをよく理解して、クレームの未然防止・再発防止に努めよう。

④ 見方・使い方

■建築物における品質管理の意識向上に！

クレームの発生原因をよく理解し、設計段階あるいは施工段階で疑問に思ったら、その場で本書と照合してみることが大切。繰り返し行うことで、正しい品質管理の知識を身につけよう。

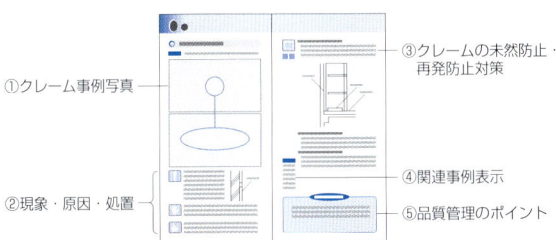

①クレーム事例写真
②現象・原因・処置
③クレームの未然防止・再発防止対策
④関連事例表示
⑤品質管理のポイント

注）**「設計図書の確認・事前打合せが大原則」**

各工事の設計図書による特記仕様は、設計事務所、官公庁によって異なる場合が通常で、本書とも相違点がある。その時は、設計図書をよく確認し、クレーム発生が予測される場合には、発注者・設計者と事前に十分な打合せを行うことが大原則である！

胸ポケットには「建築携帯ブック」 これが、クレーム防止の第一歩。

2章 部位別クレーム事例一覧

● よく起きる部位別クレーム事例

漏水
1. 構造スリット材とシーリング位置のずれによる漏水
2. 壁と手摺りのコンクリート打ち継ぎ部分からの漏水
3. 外壁クラックからの雨水の浸入
4. セパレータ・コールドジョイントからの漏水
5. アルミ製建具からの漏水
6. 廊下手摺り壁・スラブのクラックによる漏水
7. ハーフPC板ジョイント部分の目地から下階への漏水
8. ベンドキャップのシール切れによる漏水
9. 給排水管の躯体貫通部からの漏水
10. パラペット部防水層の立上がり寸法不足による漏水
11. あご・水切りや躯体欠込み等がないことが原因の漏水
12. 防水層の膨れ部分の剥離による漏水
13. 屋上設置の設備機器からの排水による漏水
14. ウレタン塗膜厚さ不足により早期劣化した大庇からの漏水
15. ウレタン塗膜防水層の膨れ箇所損傷による漏水
16. 排水ドレンの設置位置の欠陥による漏水

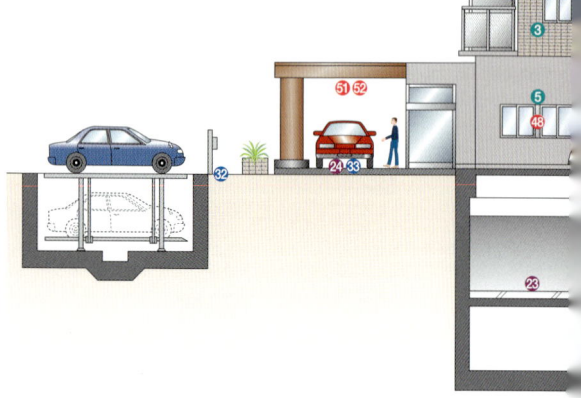

沈下・浮き上がり
32. 降雨の浮力による建物の浮き上がり
33. 埋戻し不良による土間コンクリートの沈下
34. 埋戻し不良による埋設配管の破損
35. 基礎形式の相違によるエキスパンション
ジョイント金物の破損

結露
36. 居室の床・天井の結露
37. 押入内の結露
38. サッシの額縁回りの結露・カビ
39. 地下倉庫の天井スラブの結露

遮音・騒音
40. 界壁の遮音性能の低下
41. 乾式置き床の床鳴り

＊①～(55)の数字は、本書のケース（事例）番号を示す。

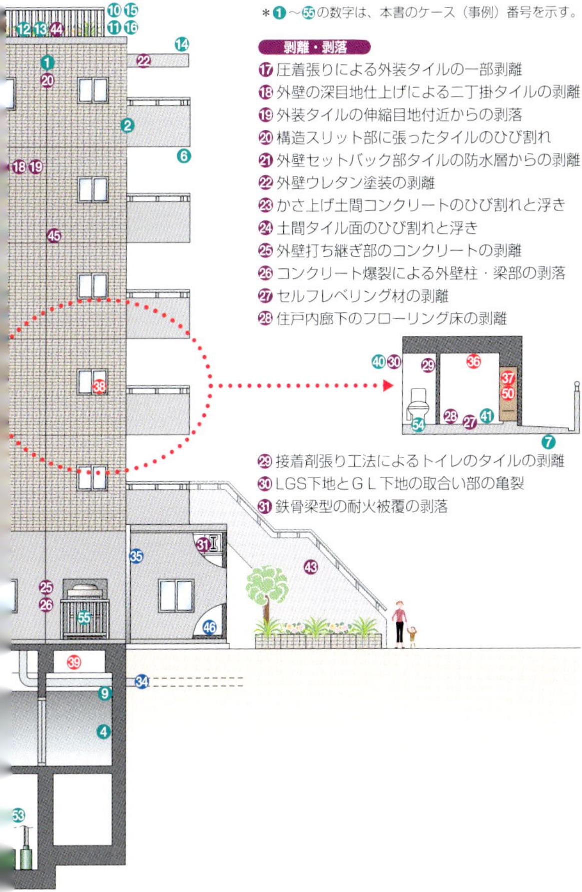

剥離・剥落

⑰ 圧着張りによる外装タイルの一部剥離
⑱ 外壁の深目地仕上げによる二丁掛タイルの剥離
⑲ 外装タイルの伸縮目地付近からの剥落
⑳ 構造スリット部に張ったタイルのひび割れ
㉑ 外壁セットバック部タイルの防水層からの剥離
㉒ 外壁ウレタン塗装の剥離
㉓ かさ上げ土間コンクリートのひび割れと浮き
㉔ 土間タイル面のひび割れと浮き
㉕ 外壁打ち継ぎ部のコンクリートの剥離
㉖ コンクリート爆裂による外壁柱・梁部の剥落
㉗ セルフレベリング材の剥離
㉘ 住戸内廊下のフローリング床の剥離
㉙ 接着剤張り工法によるトイレのタイルの剥離
㉚ LGS下地とＧＬ下地の取合い部の亀裂
㉛ 鉄骨梁型の耐火被覆の剥落

汚れ

㊷ 長尺塩ビシート表面へのスプレーペンキの染み出し
㊸ 床石の白華現象
㊹ ルーフガーデン床タイル面の白華現象
㊺ シーリング材の目地回りの汚れ

臭い

㊻ 床タイルカーペットからの異臭
㊼ 通気ベンドキャップからの異臭

その他

㊽ サッシ方立のわん曲
㊾ 網入りガラスの熱割れ
㊿ 現場発泡ウレタンの二次発泡
(51) 軒天井材の破損
(52) 庇アルミスパンドレルの点食

設備

(53) 雨水排水ポンプによる騒音
(54) トイレ排水音の騒音
(55) 空調屋外機設置場所の考慮不足による効率低下

3章 漏水対策－外壁

① 構造スリットからの漏水

ケース1 構造スリット材とシーリング位置のずれにより漏水した！

変形した構造スリット

現象
竣工後6カ月のRC造13階建集合住宅で、3階住戸の居間の天井部分に漏水が発生した。また、直上階の4階妻壁（タイル張り）部分にクラックが認められた。

原因
1. 構造スリット材の躯体打込み時に納まり確認不足のため、シーリングとコンクリートとの接着面の厚さが3mm（A-A断面）しか確保されていなかった。
2. コンクリート打設時に構造スリット材が変形していた。
3. 構造スリットをまたいで外装タイルが張られており、タイルのシーリング位置とずれていた。

処置
漏水が見られた外壁面に足場を掛け、構造スリット材の、型枠目地受け部分の立上がりをカットし、シーリング厚さを確保して（12mm）施工した。また、外装タイルに関しては、構造スリットと同じ位置に伸縮目地を設けた。

対策

1. **構造スリット材の選定**
   使用箇所に合わせて材料を選定し、外壁には止水措置が取られているものを使用する。

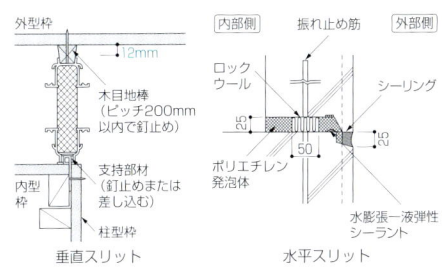

垂直スリット　　　　　　　　水平スリット

2. **構造スリット材の施工**

   垂直スリット
   ① 目地棒の場合は、コンクリートの側圧に耐えられるように200mm程度の間隔で釘止めを行う。
   ② セパレータで固定する場合は、通常の型枠用セパレータの間隔より細かいのが普通である。
   ③ 目地棒の深さは、シーリング材の躯体との接着面が最低でも12mm以上確保できるものを選定する（スリット材側面にブチルテープを張り、躯体との二次止水の形状となっているものもある）。

   水平スリット
   ① 取付け面のコンクリートはレベルの精度を向上し、金鏝押さえとする。
   ② 必要に応じて、コンクリート床面に釘止めする。

3. **垂直スリットのコンクリート打設時の注意**
   ① 目地棒釘止め取付けの場合は、打設開始時より両面からの交互打設とし、側圧の分散をはかること。
   ② セパレータ固定金具を使用する場合は、専用金具固定の反対側から打設を開始し、その後両面打ちに移行する。

チェック
対策1 ☞ ケース20
対策2 ☞ ケース2
ケース25

品質管理のポイント

☞ 設置場所に求められる機能を備えたスリット材を使用すること。
☞ コンクリート打設時は、垂直・水平性が確保できるように固定し、打設手順を守ること。
☞ 外装タイルの割付けを考慮し、スリット位置を決定すること。
☞ コンクリート打設後に、スリットの位置や寸法等の打込み状態を確認すること。

漏水対策－外壁

② 外壁コンクリートの打ち継ぎからの漏水

ケース2 壁と手摺りのコンクリート打ち継ぎ部分から漏水した！

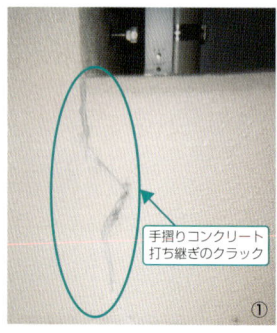
手摺りコンクリート打ち継ぎのクラック ①

手摺りコンクリート打ち継ぎのクラック ②

現象
竣工後6カ月のRC造3階建集合住宅で、内部階段3階の天井から漏水した。漏水した住戸はメゾネットタイプ（右図参照）で、内部階段および天井はコンクリートの上に木下地＋石膏ボード＋クロスの仕上げである。

コンクリート打ち継ぎ部分からの漏水

原因
1. 屋上手摺りはセットバックのため、複雑な納まりであると同時に立上がりが高く（写真①）、PH階外壁コンクリートと一体打ちにしていなかった。また、その打ち継ぎ部分に適切な止水措置も取られていなかったため、クラックが入り雨水が浸入した。
2. 屋上で温度の変化による熱収縮に対応できなかった。

処置
コンクリート打ち継ぎのクラック部分をUカットし、ポリサルファイド系シーリング材で充填後、塗装仕上げを行った。また、外部側はゴンドラを使用して作業を行った。

対策

1.コンクリート打ち継ぎの納まり

外部側の水の浸入のおそれがある場所は、シーリングや止水板等を設け、必ず止水措置を行う。

垂直打ち継ぎ止水板　エキスパンドメタルまたはラス網で仕切る（壁）

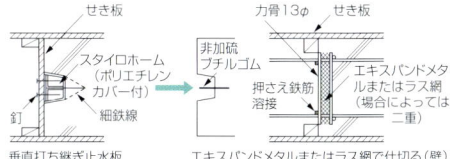

外壁の鉛直打ち継ぎ例

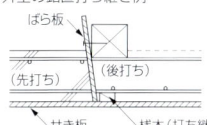

スラブの打ち継ぎ例

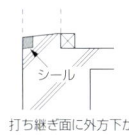

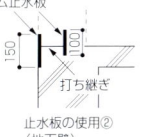

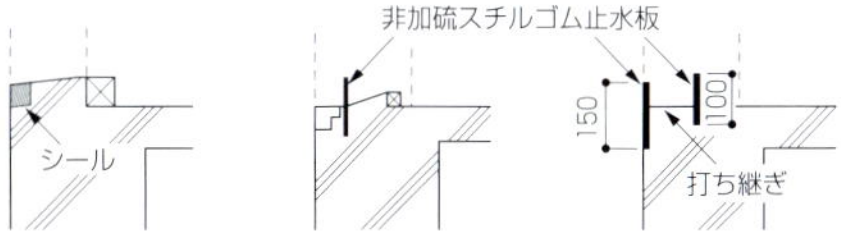

打ち継ぎ面に外方下がりの勾配を付ける　止水板の使用①（地下壁）　止水板の使用②（地下壁）

外壁の水平打ち継ぎ例[1]

2.一般的なシーリングの目地の形状

目地標準寸法表[2]

シーリングの種類	目地幅		目地深	
	最大	最小	最大	最小
シリコーン系*	40	10	20●	10
変成シリコーン系				
ポリサルファイド系*			30◆	
アクリルウレタン系			20	
ポリウレタン系				
アクリル系	20		15	

●：2成分形　変成シリコーン系の場合は30mm
◆：1成分形　ポリサルファイド系の場合は20mm
＊：ガラス回りの目地幅最小寸法は6mm

チェック
対策 2 ☞ ケース 25

品質管理のポイント

☞ 壁、梁およびスラブの鉛直打ち継ぎ部は、欠陥が生じやすいため、できるだけ打ち継ぎを設けないように計画すること。やむを得ず設ける場合は、部材のせん断応力の小さい中央部に設ける。

☞ 地下壁や雨がかりの外壁等、水の浸入のおそれがある箇所は、止水性を考慮し、シーリングや止水板等の納まりを決定すること。それ以外の場所でも、挙動の大きい箇所はシーリング処置を行う。

漏水対策－外壁

③ コンクリートクラックからの漏水

ケース3 外壁のクラックから雨水が浸入した！

現象
写真①②：竣工後1年のRC造6階建集合住宅で、1階エントランスホールの建具部分より内部GLボード面に漏水した。また、外装タイル面には開口の回りに斜めひび割れが発生していた。
写真③④：竣工後3年のRC造10階建集合住宅で、建物の妻壁に斜めひび割れが発生し、内部に漏水した。

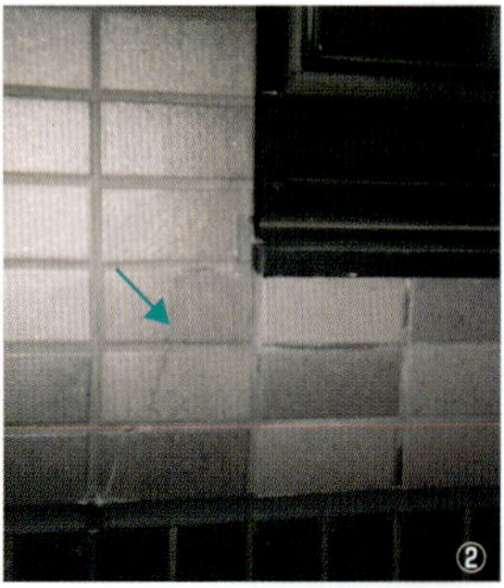

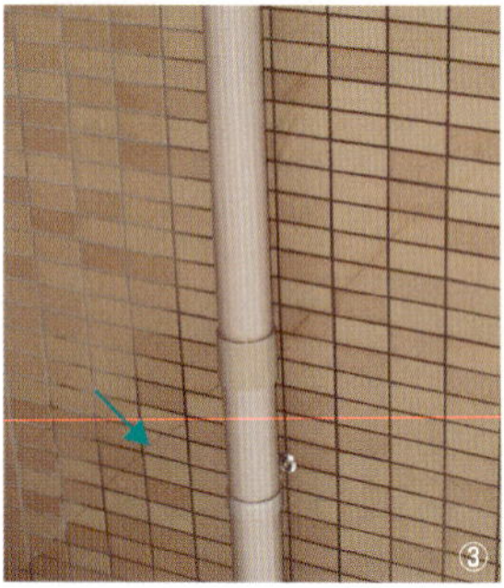

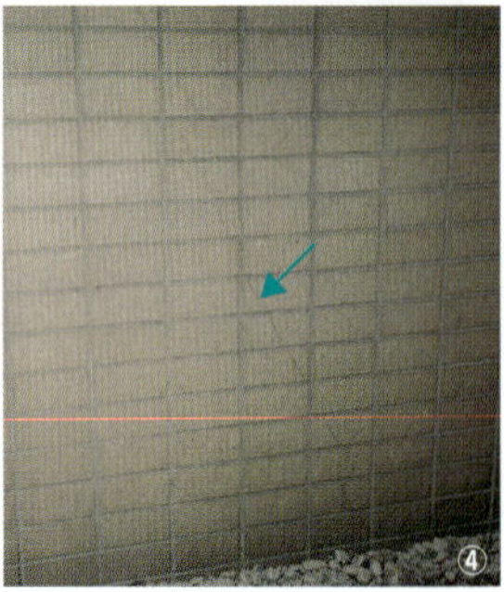

原因
写真①②：コンクリートの乾燥収縮によるクラック（ひび割れ）が発生し、そのクラックから雨水が浸入し、漏水したと考えられる。
写真③④：建物全体としての温度収縮や、乾燥収縮による水平変位が大きくなったために発生したものである。

処置
1. コンクリートをUカットした上で、ポリサルファイド系シーリング材を充填した。
2. 外装タイルは弾性接着剤で張り付けた。

対策

1. 外壁部のクラック（ひび割れ）処理

外壁部には、水平、垂直にひび割れ誘発目地を設け、ひび割れを集中処理する

柱・梁に囲まれた外壁

①誘発目地に囲まれた一枚の壁の面積を25m²以下とする。
②誘発目地に囲まれた壁面の辺長比を1.5以下となるように配置するのが望ましい。

$$辺長比 = \frac{壁の長さ}{壁の高さ}$$

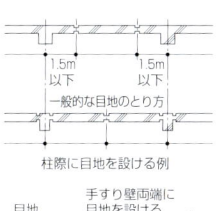

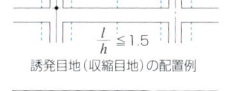

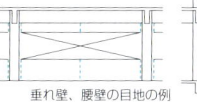

誘発目地（収縮目地）の配置例[3]

2. 建物端部の補強

スパンが5スパンかつ建物長さが30m以上の建物の両端スパンの壁には、斜めひび割れ防止のための補強筋を入れる。

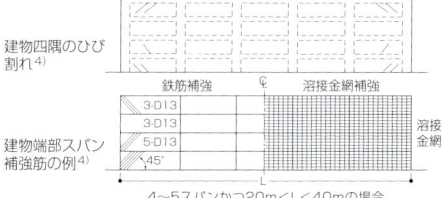

建物四隅のひび割れ[4]

建物端部スパン補強筋の例[4]

チェック
対策1
ケース 2
ケース25

4〜5スパンかつ20m＜L＜40mの場合

品質管理のポイント

☞ 誘発目地を有効にするためには、コンクリート断面の20％以上の欠損率を確保すること。
☞ 開口部周辺には、補強鉄筋・斜め補強鉄筋または溶接金網を配筋し、特に、隅角部に多発する斜めひび割れの拡大を防止すること。
☞ クラックの抑制効果は、上記に記した対策のうち一つでも欠ければ半減してしまうおそれがあるため、注意して施工すること。

漏水対策－外壁

④ 半地下の地中壁からの漏水

ケース4 セパレータおよびコールドジョイントから漏水した！

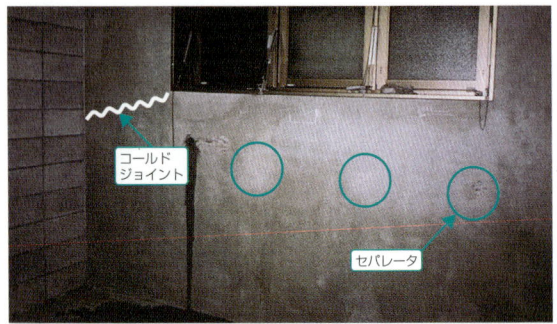

現象 竣工後3カ月のRC造8階建事務所ビルで、半地下駐車場外壁面のセパレータ部分が降雨時にしみて黒くなった（写真〇印）。また、山留めは親杭横矢板で施工されていた。

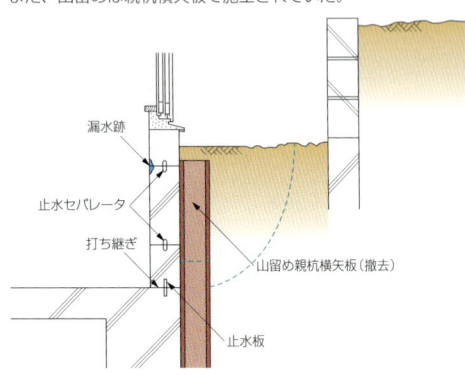

山留め取合い壁からの漏水

原因 山留めH鋼を埋め殺しにしてコンクリートを打設しているが、型枠セパレータの止水措置ができていない。また、コールドジョイントとジャンカが発生していた。

処置 駐車場側よりエポキシ樹脂を注入し止水処置を施したが、一時的な効果しか得られなかった。このため、外部側より掘削し山留め親杭のH鋼を切断して、コールドジョイントおよびセパレータ回りを部分的にウレタン塗膜防水を施し処理した。

対策

1. **外防水工法**(地下躯体の外部側に防水層を設ける)
   ① 後付け工法(コンクリート打設後に防水施工):躯体に直接防水をする。
   ② 先付け工法(コンクリート打設前に防水施工):親杭横矢板と捨コンクリートを下地として防水する。また、コンクリートの打ち継ぎやセパレータ等へ部分的に防水する。
2. **内防水工法**(地下躯体の内部側に防水層を設ける)
   ① 内壁防水工法:外部に接する地下室内側の壁・柱・梁等に防水を施工する。
   ② 二重壁工法:地下壁から浸入した水を防水を施した側溝で受け、集水ピット(湧水層)に排水する。

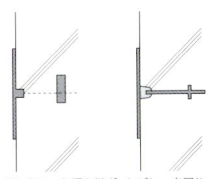
外壁の先付け工法例

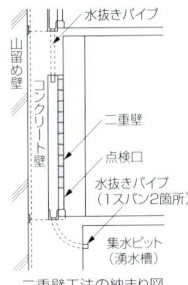
二重壁工法の納まり図

内防水工法の中で、二重壁工法は地下の漏水対策として数多くの実績がある。しかし、コンクリートの内部に水が浸入することになりRC造の耐久性に悪影響を及ぼすことが考えられる。このため、近年では外防水工法の中では先付け工法がより多く採用される傾向がある。

地下防水工法の分類

地下防水工法		具体的な防水工法
外防水工法	後付け(後やり)工法	有機系:改質アスファルトシート防水、トーチ工法、非加硫ブチルゴム系シート防水、EVA系シート防水、超速硬化ウレタン樹脂吹付け防水、ゴムアスファルト系吹付け防水 無機系:ポリマーセメントモルタル系塗膜
	先付け(先やり)工法	
内防水工法	内壁防水工法	有機系:EVA系シート防水 無機系:ポリマーセメントモルタル系塗膜防水、ケイ酸質塗布防水 部分防水工法:止水板→非加硫ゴム系、塩ビ系/水膨張止水材→合成ゴム系、合成樹脂系、ベントナイト系/クラウト系止水材→無機質系、合成樹脂系
	二重壁工法 (部分防水工法併用)	

チェック
対策1 ☞
ケース 2
ケース14
ケース25

品質管理のポイント

☞ 地下工事の工法や施工時期によって選定できる防水工法が限られるため、工法決定には他工種に渡る検討が必要である。
☞ コンクリート打ち継ぎやセパレータ部分は、内・外防水に限らず必ず防水処置を行うこと。
☞ また、使用材料の選定や単位水量を低減し、水密性を高めたコンクリートを打設すること。

漏水対策－外壁

⑤ 外部建具からの漏水

ケース5 アルミ製建具から漏水した！

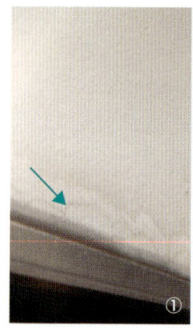
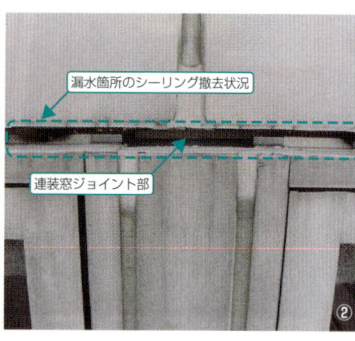

漏水箇所のシーリング撤去状況
連装窓ジョイント部

① ②

現象
写真①：竣工後7年のRC造8階建事務所ビルで、2階の面付きR型アルミサッシから、内部カーテンボックスに漏水した。
写真②：竣工後4年のRC造10階建事務所ビルで、西面3階部分のアルミ連装窓上部より、内部天井へ漏水した。

原因
写真①：アルミサッシ上部のとろ詰めモルタル部分に、多数のクラック（ひび割れ）が発生しており、この場所への散水試験の結果、漏水が確認された。
写真②：西側に面したアルミサッシにおいて、壁パネルとアルミサッシのジョイントの重なった箇所が繰り返しの熱挙動により、シーリングの破断を起こした。また、アルミサッシのジョイント部の水返しがなかったために、シーリングの破断箇所から雨水が浸入した。

処置
アルミサッシ上部のとろ詰めモルタルを撤去し、全面に渡りアルミ成型のフラッシングを取り付け、一次シーリング後に無収縮モルタルで充填した（下図参照）。
漏水した3階部分は、ゴンドラを使用した作業で漏水箇所のシーリングを撤去し、連装窓のジョイント部分に水返し金物を取り付けた。その後再シーリングを行った（写真③参照）。

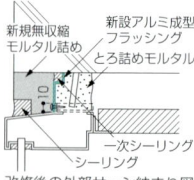
改修後の外部サッシ納まり図

連装窓ジョイント部取付け状況 ③

対策

1. フラッシング
外部建具は、現場打ちコンクリートやPCとの取合いからの漏水対策として、フラッシングを用いて、一次・二次シーリングの納まりを考慮することが必要である。

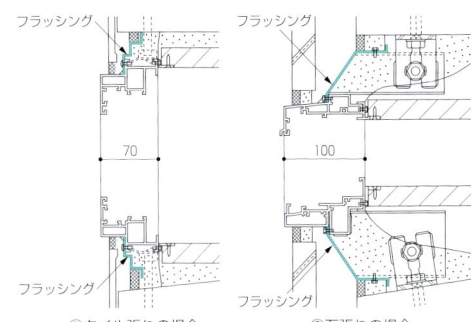

①タイル張りの場合　②石張りの場合
面付けサッシ

2. 連装窓のジョイントの処理
連装窓のジョイント部分は、天端や小口を工場シーリングやアルミサッシと同材板を用いて、水密性の溶接ですき間を塞いでおくことが必要である。

3. PCカーテンウォールの納まりの一事例（右図参照）

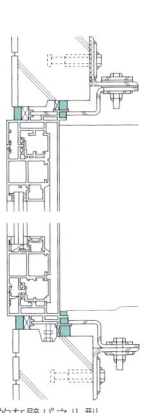

一般的な壁パネル型
PCカーテンウォール標準断面

チェック
対策1 ☞
ケース25

品質管理のポイント

☞ アルミサッシ等の製作図については、設計者の意図をくみ取り、専門工事業者を交えて入念な打合せとチェックを行うこと。
☞ アルミサッシと取り合う壁面との納まりは、二重の止水措置ができることを基本とする。

漏水対策－外壁

❻ RC造廊下スラブ底からの漏水

ケース6 廊下手摺り壁・スラブのクラックから下階へ漏水した！

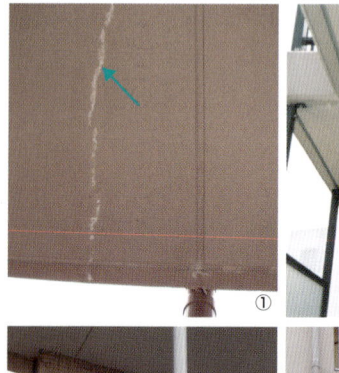
①

②

③

④

| 現象 | 竣工後1年のRC造12階建集合住宅で、共用廊下のスラブ底より降雨時に下階廊下に漏水した。また白華（エフロレッセンス）も発生していた。 |

| 原因 | 写真①：手摺り壁と床コンクリートの誘発目地位置のずれ。
写真②：床スラブの出寸法が変わる境界部に誘発目地がない。
写真③：手摺りのスリット開口の一端に誘発目地がない。
写真④：コンクリート手摺りと金属手摺りの境界部に誘発目地がない。 |

| 処置 | 手摺り壁や床コンクリートをUカットし、シーリング処置の後、排水溝のウレタン塗膜防水を施工した。また、外部側はゴンドラ作業を併用しての工事となった。
スラブ底に関しては、クラック幅が0.3mm以下程度であれば、Uカット、シーリングは行わずに白華を除去し塗装程度とした。 |

対策

1.バルコニー・共用廊下・パラペットのひび割れ対策

連続するコンクリート手摺りは、乾燥収縮や熱膨張によるクラックに対応できるように、3m以内に手摺り立上がり両面、片持ちスラブの上下に誘発目地を設ける。

誘発目地の設置間隔は3m以内

誘発目地の設置位置

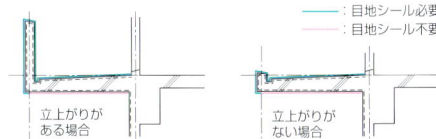

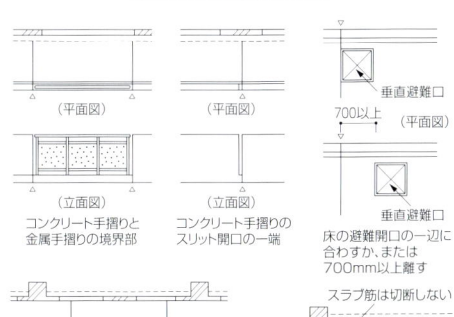

チェック

対策1 ☞
ケース 3
ケース 20
対策2 ☞
ケース 2
ケース 14
ケース 15
ケース 25

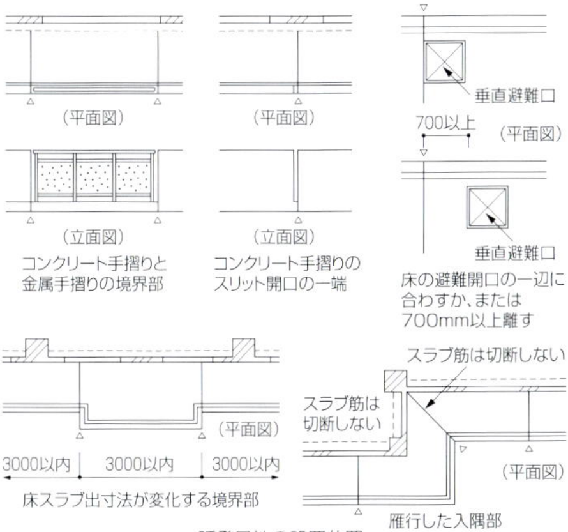

2.誘発目地部分と排水溝の納まり

排水溝は、勾配調整のためモルタル施工となるが、先の誘発目地を埋めてしまうことがよく見掛けられる。しかしこの部分は、排水溝の中でも誘発目地と同じ部分に目地を取りシーリング施工をし、必要に応じてウレタン塗膜防水を施工することが有効である。

品質管理のポイント

☞ 誘発目地は必ず設置し、水の浸入のおそれがある箇所は、必ずシーリングを行うこと。また、三面接着を基本とする。

☞ 誘発目地は、手摺り壁とスラブが同一の箇所にくるように、タイル割付けも含めて位置を決定すること。

☞ 排水構内のウレタン塗膜防水は、要求される工事保証期間を確認し、工法を決定すること。

漏水対策―外壁

⑦ 廊下PC板ジョイント部からの漏水

ケース7 ハーフPC板ジョイント部分の目地から下階へ漏水した！

悪い例 ①
(クラック発生)

良い例 ②
(点線の位置に目地を設ける)

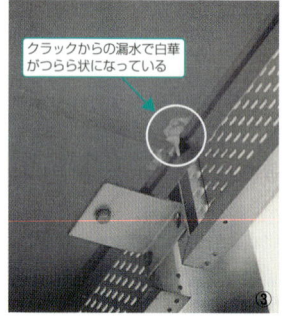
③
(クラックからの漏水で白華がつらら状になっている)

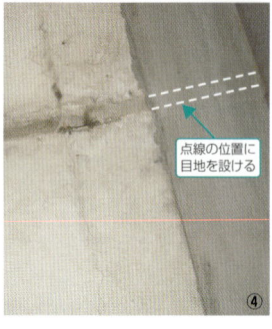
④
(点線の位置に目地を設ける)

現象
竣工後2年のRC造10階建集合住宅で、共用廊下およびバルコニーハーフPC板のジョイント部分から下階に漏水した。
各階の床は、コンクリート直押さえのままの仕上げであった。

原因
バルコニー・廊下の上部打設コンクリートのハーフPC板ジョイント部に、目地が設けられていなかったためにクラックが入り、水が浸入し下階へ漏水したと考えられる。また、排水溝はウレタン塗膜防水を施工していたが、目地がなかったためクラックに追従できず、破断していた。

処置
上部コンクリートのクラックをUカットし、シーリングを充填した。また排水溝部分も同様の処置の上、ウレタン塗膜防水を施工した。

対策

1. **バルコニー・共用廊下のハーフPC板の納まり**
   ハーフPCのジョイント位置で、上部現場打ちコンクリートの天端に誘発目地を設け、シーリングを施工する。

2. **排水溝の納まり**
   排水溝は、ハーフPCのジョイント天端にシーリングを施工する。また、勾配調整モルタルを施工するが、この時にもPCジョイント位置には目地を設け、シーリングを施工する。また必要に応じて、ウレタン塗膜防水を施工する。
   注)最近はほとんどの建物で、この部分はウレタン塗膜防水の設計がなされている。

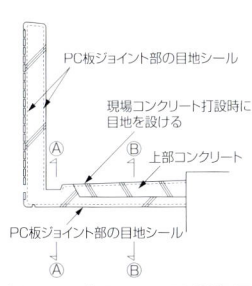

バルコニー・廊下のハーフPC板断面図

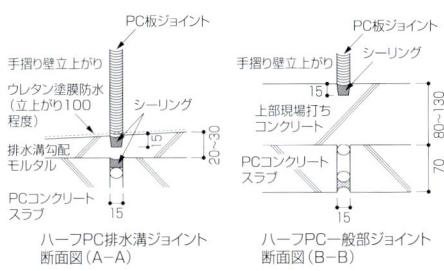

ハーフPC排水溝ジョイント断面図(A-A)　　ハーフPC一般部ジョイント断面図(B-B)

チェック
対策1 ☞
　ケース 2
　ケース 25
対策2 ☞
　ケース 6
　ケース 14
　ケース 15

品質管理のポイント

☞ PCの製作精度と現場取付け精度の管理を行い、所定のジョイントあき寸法を確保し、シーリング断面が取れるようにすること。
☞ 排水溝は、雨水や空調ドレンの排水が集中する部分なので、入念に施工すること。
☞ 在来コンクリートとPC板との取合いは、必ず目地を設けること。

漏水対策－外壁

⑧ ベンドキャップからの漏水

ケース8 ベンドキャップのシール切れと納まり不良で漏水した！

深型ベンドキャップ ①

ウェザーカバーがないため、強風を伴う降雨の場合に雨水が浸入した。
雨がかり
処置前 ②

深型のベンドキャップに取り替えた。
処置後 ③

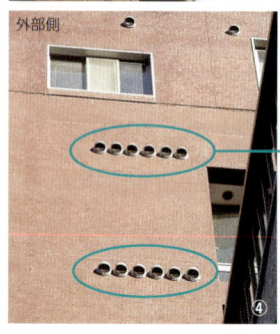
外部側 ④

内部側
漏水ルート ⑤

現象
写真①：竣工後3年のRC造8階建集合住宅で、外壁ベンドキャップの貫通部より雨水が浸入し、居間の下がり天井から漏水した。設置場所は直接雨がかかるところであった。
写真④⑤：竣工後1年のRC造6階建事務所ビルで、並列した外壁ベンドキャップ取合い部分より雨水が浸入した。

原因
写真①：ベンドキャップ回りのシーリング断面が薄く、断裂しており、躯体貫通スリーブ勾配が室内側に向いていた。
写真④⑤：貫通のスリーブ間隔（はしあき寸法）が少ないため、外壁のクラックから雨水が浸水したものと考えられる。

処置
写真①：躯体と貫通スリーブ取合いに一次シール、スリーブ内に水返し、ベンドキャップ回りは二次シールを施した。
写真④⑤：ゴンドラ作業により、外部のベンドキャップ上部に連装の覆いを設けた。

対策

1. 設備配管からの漏水を防ぐ設計段階での対策
   ① 配管は外壁貫通を避け、屋内シャフトを設けて通す計画とする。
   ② 臭気の影響がないスリーブは、できるだけ庇やバルコニー等の直接の雨がかりがない場所に設置する。
   ③ 雨がかりの場所は、深型のベンドキャップを使用する（雨線45°にかかるバルコニー設置も同様）。

2. 設備配管からの漏水を防ぐ施工段階での対策
   ① 躯体貫通スリーブ打込み時には、逆勾配にならないように注意し、コンクリート打設前、打設後の確認を行い、必要であれば止水板を取り付ける。
   ② 接続するダクトは1/100以上の勾配を確保する。また、浴室ダクトは1/50以上の勾配を取るとともに、ダクト内部結露水がダクト途中の接続部より漏れないように注意して施工する。
   ③ ベンドキャップと外装仕上げの取合いは、シーリングの必要断面を確保して施工する。
   ④ シーリング材はポリサルファイド系を使用し、外壁の汚れ防止のためにシリコーン系は使用しない。
   ⑤ スリーブ間隔はできるだけ広くとる（はしあき寸法150mm以上、シーリング施工のための配管間隔を考慮する）。

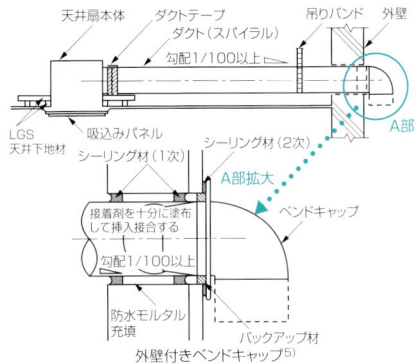

チェック
対策2
ケース 2
ケース 25
ケース 45

品質管理のポイント

☞ 建築施工図と設備施工図を照合させて、コンクリート打設前までには配管ルートを決定し、適切な配管間隔を確保すること。
☞ 配管取付け作業員へは、貫通部分の止水納まりを熟知した上で施工するよう指示すること。
☞ シーリングは、専門業者に依頼し、専門技能を有する作業員によって施工すること。

漏水対策－外壁

❾ 設備配管からの漏水

ケース9 給排水管の躯体貫通部分から漏水した！

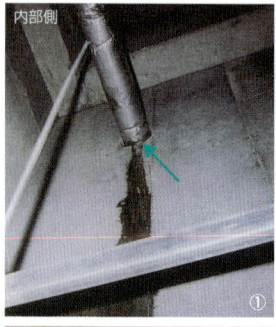
①（内部側）

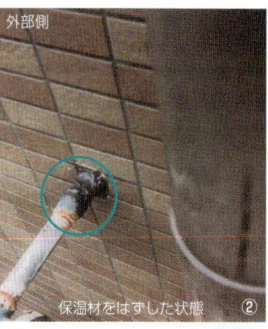
②（外部側）保温材をはずした状態

③

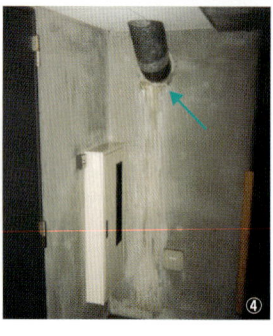
④

現象	写真①②：竣工後5カ月のRC造8階建集合住宅で、エントランスホール天井裏の外壁を貫通している給水管から雨水が浸入し、天井より漏水した。 写真③④：竣工後3年のRC造6階建事務所ビルの地下機械室で、地下壁貫通の排水管より室内に漏水した。
原因	写真①②：外壁取合いのシーリング断面が確保されていなかった。また、一次シールのみで二重の止水処置が取られていなかった。 写真③④：写真①と同様の原因で、かつ、配管回りの詰めモルタルが充填不足であった。
処置	写真①②：シーリングの再施工（二重シール）。 写真③④：外部側より掘削し、配管をあらわしにしてシーリング施工後、セメント系塗布防水を施して戻した。

対策

1. **つば付き鋼管スリーブ**

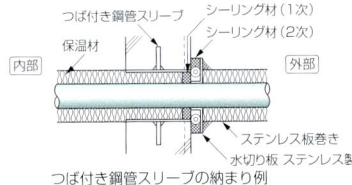

つば付き鋼管スリーブの納まり例

2. **一般スリーブ**

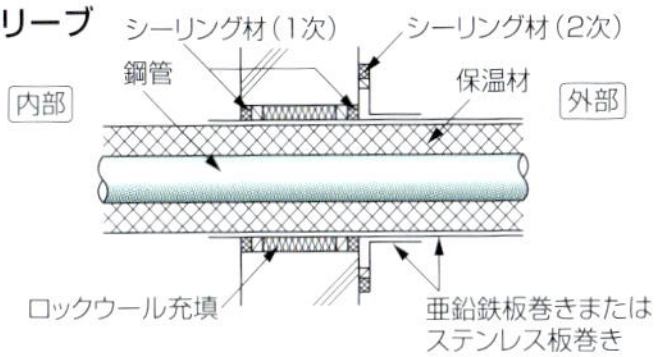

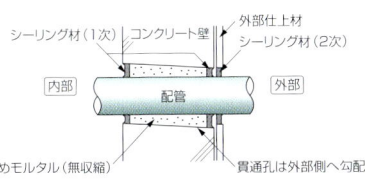

一般スリーブの保温が必要な納まり例

[図:シーリング材(1次)／コンクリート壁／外部仕上材／シーリング材(2次)／内部／配管／外部／詰めモルタル(無収縮)／貫通孔は外部側へ勾配を取る]

一般スリーブの保温の必要がない納まり例

3. **漏水を誘発するその他の設備配管に関する施工上の注意点**

電気配管類を直接雨がかかる外壁へ打ち込むことは、絶対に行わない。しかし、建物の機能上やむを得ない場合は、次のことに注意する。
① 配管類は鉄筋の間に入れ、コンクリートのかぶり厚さを確保し、クラック発生の要因をつくらないこと。
② 配管類に対するかぶり厚さ、および配管類間のはしあき寸法は、30mm以上とする。
③ 盤類を埋め込む場合は、その周囲を開口部補強方法に準じて補強する。

チェック

対策1 ☞
 ケース 2
対策2 ☞
 ケース 2
 ケース 8
 ケース25

品質管理のポイント

☞ 雨水浸入のおそれのあるコンクリート貫通部は、つば付き鋼管スリーブを使用し、その中に配管を通して周囲を止水処置をすること。
☞ 詰めモルタルは無収縮の材料を使用し、入念に施工すること。
☞ 貫通孔は外部側に水勾配を取ること。
☞ 地下の被圧部分には、引込み配管を入れないこと。

漏水対策 − 屋根

① 防水層立上がり部の納まり不良(1)

ケース10 パラペット部防水層の立上がり寸法不足が原因で漏水した!

立上がり寸法不足

現象
竣工後7年のRC造10階建事務所ビルで、水上となるパラペット部で防水層の立上がり寸法が十分でなく、パラペットのあご下端と押さえコンクリート面がほぼ同一レベルになってしまった。そのため、雨水が跳ね上げて立上がり端部から雨水が防水層の裏に浸入し、下階事務所の天井に漏水した(下左図参照)。

原因
1. パラペットの立上がり寸法を水下の床レベルを基準に決めたため、スラブの水勾配の関係から、水上では防水層の立上がり寸法が不足することになった。
2. 立上がり寸法が200mm程度以下であごの出る納まりでは、防水層立上がり部の末端部分が見えにくく、不完全な施工になりやすいことも影響し、末端部分やジョイント部分に口あきが生じた。

処置
立上がり周囲の押さえコンクリートを、幅300mm程度の範囲で撤去し、防水層の欠陥部分を再施工した。
写真のようにまったく立上がりが取れていないケースでは、立上がり押さえコンクリートを排水ドレンまで溝状に撤去して、防水層補修後も押さえコンクリートを施工せずにモルタル塗りを行い、開渠として雨水をドレンに導くことで立上がり寸法の不足を補った。

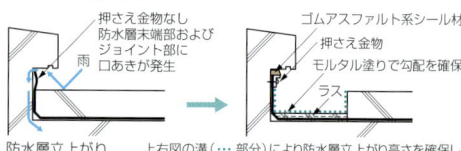

防水層立上がり寸法不足の処置　上右図の溝(…部分)により防水層立上がり高さを確保し、溝はドレンにつなげて溝内の雨水を排水できるようにした。

1. パラペットの下地の形状と寸法

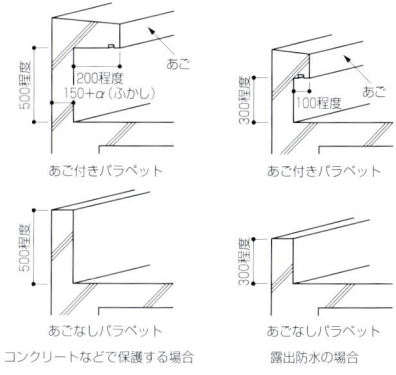

パラペットの下地の形状と寸法(mm)[6]

2. 屋上緑化の防水層の納まり

屋上緑化で、土壌が防水層立上り部に接する納まりでは、土壌の天端から150mm以上防水層を立ち上げるように躯体寸法を決める。立上り末端部は押さえ金物で固定し、ゴムアスファルト系シール材で処理して、雨水が浸入しない納まりとする。

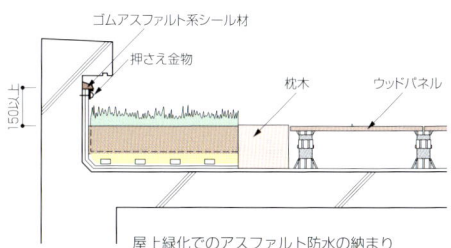

屋上緑化でのアスファルト防水の納まり

チェック
対策1 ☞ ケース11
対策2 ☞ ケース44

品質管理のポイント

☞ 防水の納まりを考慮して、躯体形状を決めること。
☞ 防水立上がり部には、あごコンクリートを設けること。
☞ 防水立上がり高さは、水上のレベルを標準にすること。
☞ 塔屋回りも同一レベルであごコンクリートを設けること。

漏水対策－屋根

② 防水層立上がり部の納まり不良（2）

ケース11 あご・水切りや躯体欠込み等がないことが原因で漏水した！

水切り・欠込みがない

現象　竣工後5年のRC造7階建事務所ビルで、塔屋の立上がり部分にあごコンクリートや躯体欠込みをせずに防水施工されていた。防水層末端部には、押さえ金物とシール材を施したが、シーリングの付着不良箇所から防水裏に雨水が浸入して漏水した。

原因　押さえ金物とシーリング材だけでは、壁面から流れ落ちる雨水の水切りを確実に行うことはできない。そのため、防水層立上がり末端部の弱点から雨水が浸入してしまった。このような納まりでは、かりに竣工当初はよくても、早期に押さえ金物のジョイント部や躯体とのすき間から雨水が浸入する危険性が高かったと思われる。

処置　雨水がまわった部分の防水層を再施工した。その上で、大型の水切り金物（水切りの出40mm、下がり80mm程度）を設置した。

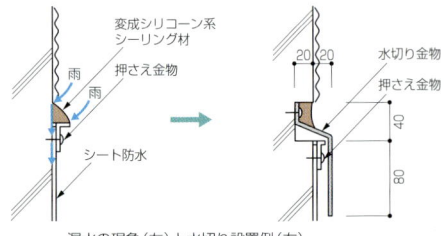

漏水の現象（左）と水切り設置例（右）

対策

1. **防水立上がり部の納まり**
   ① 塔屋等の外壁下部防水立上がり天端には、あごコンクリートを設けて、壁面からの雨水の水切りを確実に行う納まりとする。
   ② あごコンクリートを設置できない場合は、防水施工部位の躯体を20mm程度欠き込んだ上、水切り(出40mm、下がり80mm)を設置する。

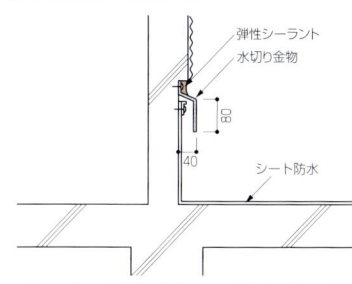

あごのない立上がり部分のシート防水の納まり例

2. **ALCと基礎**
   下図は、ALCパネル外壁の基礎天端まで防水層を立ち上げたケースであるが、このような場合も同様に必ず水切りを設置する。

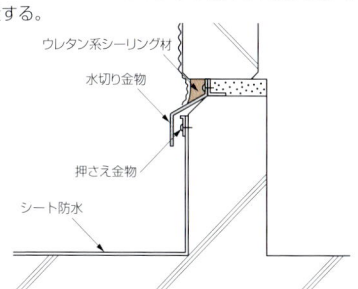

ALC外壁の基礎部分へのシート防水事例

対策1 ☞
ケース10

品質管理のポイント

☞ 防水層立上がり末端部は、水切りの良い納まりとする。基本的にはあごコンクリートを設置すること。

☞ あごコンクリートを設けられない場合は、躯体欠込みの上、水切りを設置すること。

☞ 水切り形状は十分な大きさとすること。

漏水対策 − 屋根

③ 押さえコンクリートの受熱による膨張挙動

ケース12 防水層の膨れ部分が剥離し漏水した！

押出しによるひび割れ

立上がり防水の膨れ、口あき

| 現象 | 竣工後7年のSRC造8階建大型商業施設で、最上階店舗の天井に漏水した。屋上防水はアスファルト防水保護工法であり、立上がり部は露出工法であった。 |

| 原因 | 押さえコンクリートの伸縮目地と防水層の間にコンクリートが入り込み、受熱膨張時に押さえコンクリートが立上がり部へ防水層を押し上げて膨れを生じさせていた（写真②）。また、パラペットも押し出されてひび割れを生じており（写真①）、これらの部分から雨水が浸入して漏水した。 |

| 処置 | パラペット周辺の押さえコンクリートを撤去し、防水工事をやり直した。押さえコンクリートは打ち込まず、砂利敷き押さえで処理して、押さえコンクリートと立上がり防水層との縁を切ることで、再発を防止した。 |

対策

1. 押さえコンクリートの伸縮目地

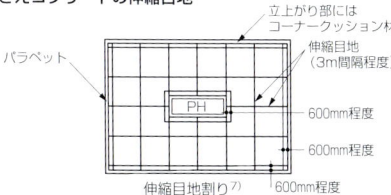

💡 外断熱防水の場合は、押さえコンクリートの温度変化が大きくなるので、目地間隔を2.5m程度にする。

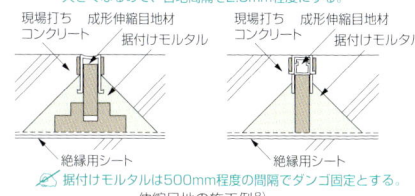

💡 据付けモルタルは500mm程度の間隔でダンゴ固定とする。
伸縮目地の施工例[8]

2. 押さえコンクリートの押出しによる不具合事例

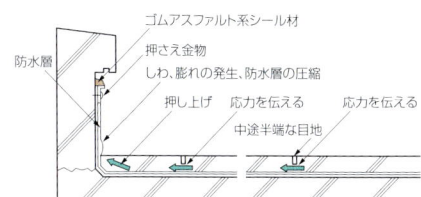

立上がり防水層のしわ、膨れ、およびパラペットのひび割れの原因

防水層立上がり部から300mmまでを砂利押さえとして、押さえコンクリートの押出しを防止した例

チェック
対策2 ☞
ケース10

品質管理のポイント

☞ 伸縮目地の設置は目地割りだけでなく、防水層と伸縮目地にすき間が生じないように注意して施工すること。
☞ 水勾配は躯体スラブで取ることで、押さえコンクリートを同一厚さで施工できるので、高さ固定型の伸縮目地でもすき間なく施工できる。

漏水対策 − 屋根

❹ 露出防水での水溜まり部分の早期劣化

ケース13 屋上設置の設備機器からの排水により下階天井に漏水した！

現象
竣工後7年のS造5階建工場で、屋上に設置された設備機器からの排水が、常時露出防水層上で水溜まりとなり、防水層ジョイント部が劣化して口あきが生じた結果、下階の天井に漏水した。

原因
防水材は、常時湿潤な状況にあってもあまり劣化が促進されることはないが、湿潤・乾燥を繰り返すことで耐久性が低下する。下地の水勾配が1/100程度で不十分であったこと、設備機器から常時排水されていたことが、防水層の劣化の原因と考えられる。

処置
防水層の口あき部等の劣化部分は、防水層を施工し直した。また、設備機器からの排水管をドレンまで延ばして、直接防水層に排水しないようにした。写真②は、露出防水層を保護した集合住宅における雨水排水管の事例。

排水管の横引きによる露出防水層の保護

対策

1. **露出防水による水溜まり防止**
   ① 水勾配の確保。
   ② 設備配管や樋等はドレンまで配管する。
2. **水勾配の確保**
   水勾配は躯体で取り、押さえ層の有無により以下を原則とする。
   ① 保護防水
      アスファルト防水：1/100〜1/50程度を標準とする。
      改質アスファルト防水：シートの重ね部分で勾配に沿う水の流れを妨げる場合があるので、1/75〜1/50程度を標準とする。
   ② 露出防水
      防水の種類に関わらず、1/50〜1/20程度を標準とする。
      露出防水では、水上から水下への主勾配を設けること。
   ③ ALC下地
      ALCパネル自体のたわみ・クリープを考慮して、少なくとも1/50の勾配を確保する。
3. **露出防水層の劣化に関するその他の不具合事例**
   写真③は、雨水の横引きドレンから庇の塗膜防水への排水箇所で、塗膜防水が劣化損傷した事例である。

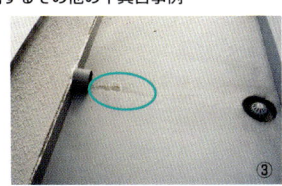

防水層に直接排水し劣化した例

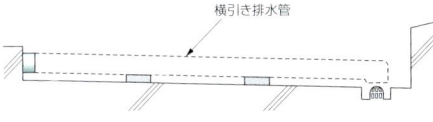

排水管をドレンまで延ばした改善例

チェック
対策2
ケース10
ケース11
ケース12
ケース14
ケース15
ケース16

品質管理のポイント

☞ 露出防水では、水溜まりをつくらないこと。
☞ 水勾配は、躯体段階で検討すること。
☞ 露出防水の上に安易に排水しないこと。必要な場合は、排水管をドレンまで引き込む。

漏水対策 – 屋根

⑤ ウレタン塗膜防水の膜厚不足

ケース14 ウレタン塗膜厚さ不足で早期劣化した大庇から漏水した！

現象
竣工後4年のRC造7階建事務所ビルで、大庇部分から漏水が生じた。大庇の防水はウレタン塗膜防水の密着工法であったが、剥離や浮きが生じて、雨水がRC下地まで回り込み、ひび割れ部から浸入して漏水となった。

原因
不具合箇所を調査したところ、塗膜防水の膜厚が部分的に不足していた。膜厚計で計測したところ、厚さは1mm程度しかなかった。このような薄い部分は、紫外線や熱により早期劣化を生じやすく、また下地の挙動にも追従できない。そのため、割れや剥がれを生じて漏水に至った。

処置
不具合の範囲がほぼ全面にわたっていたため、既存塗膜防水層を全面撤去して再施工した。再施工時は、膜厚を平場2mm、立上がり部1.5mmを標準とし、使用材料の硬化物比重から塗付量を求めて使用量を確認した。また、下地の精度が悪く、塗膜厚にばらつきが生じる可能性があったため、ウェットゲージを用いて実際の塗り厚を測定しながら施工した。

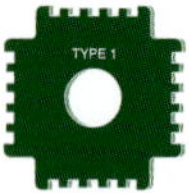

硬化物比重と塗膜厚確保に必要な使用量　(kg/m²)

硬化物比重	平場	立上がり
0.9	1.8	1.4
1.0	2.0	1.5
1.1	2.2	1.7
1.2	2.4	1.8
1.3	2.6	2.0
1.4	2.8	2.1
1.5	3.0	2.3
1.6	3.2	2.4
1.7	3.4	2.6
1.8	3.6	2.7

ウェットゲージ

対策

1. 膜厚の管理
① 反応硬化後の膜厚計測に針入式膜厚計を用いると、防水層を傷つけるので使用しない。
② 反応硬化前の塗膜厚計測は、ウェットゲージを使用する。
③ 反応硬化後の膜厚計測は、超音波式膜厚計(コンクリート下地専用)を使用する。
④ 塗膜厚の管理は、36ページ「処置」の表に示す材料比重による使用量管理を原則とする。ウレタンゴム系防水材の硬化物比重は、0.9〜1.8と幅が広いため、仕上げの平均厚さは平場で2mm以上、立上がり部で1.5mm以上とする。

2. 塗膜防水の適用部位

塗膜防水の適用[9]

防止層の種別		L-UF		L-US		L-AW	L-GU
	保護・仕上げの種類	仕上塗装	ウレタン舗装材	仕上げ塗料	ウレタン舗装材	化粧材	保護緩衝材 コンクリートブロック 現場打ちコンクリート
部位	下地						
屋根(非歩行)	RC	○	○	○	※	−	−
	PCa	○	○	○	※	−	−
	ALC	−	−	○	※	−	−
屋根(軽歩行)	RC	−	○	−	○	−	−
	PCa	−	○	−	○	−	−
	ALC	−	−	−	○	−	−
屋根(運動場)	RC	−	○	−	○	−	−
	PCa	−	○	−	○	−	−
庇	RC	○	※	○	※	−	−
	PCa	○	※	○	※	−	−
開放廊下 ベランダ	RC	−	○	−	○	−	−
	PCa	−	○	−	○	−	−
外壁	RC	−	−	−	−	○	−
	PCa	−	−	−	−	○	−
	ALC	−	−	−	−	○	−
地下外壁外部	RC	−	−	−	−	−	○
室内(便所・機械室など)	RC	−	○	※	○	※	−

チェック

凡例) ○:適用可/−:適用外/※:適用可であるが一般的ではない場合

対策1 ☞ ケース15
対策2 ☞ ケース15

L : 塗膜防水層(Liquid)　　　　　F : 下地へ全面接着させる防水層(Fully bonded)
U : ウレタン(Urethane)　　　　　S : 下地へ部分的に接着させる防水層(Spoc bonded)
A : アクリルゴム(Acrylic rubber)　W : 外壁用の防水層(Wall)
G : ゴムアスファルト(Gum)　　　U : 地下外壁用の防水層(Underground)

品質管理のポイント

☞ 塗膜防水は、膜厚の確保が防水性能および耐久性を左右するので、膜厚管理を確実に行うこと。

☞ 膜厚は契約内容の仕様によるが、ウレタンゴム系は平場2mm以上、立上がり1.5mm以上が望ましい。

☞ 平均塗膜厚は、材料の比重から成膜後の必要膜厚を確保する使用量を算出して管理すること。

☞ 施工中の塗膜厚の確認には、ウェットゲージを使用すること。

漏水対策 − 屋根

⑥ ウレタン塗膜防水層の膨れ

ケース15 ウレタン塗膜防水層の膨れ箇所が損傷し漏水した！

現象 竣工後3年のRC造6階建事務所ビルで、ウレタン塗膜防水層に膨れが生じた。その後、膨れ箇所が鳥害により損傷し、下階の天井に漏水した。

原因 この建物の防水工法は、ウレタン塗膜防水の密着工法であった。スラブ型枠が鋼製フラットデッキであったため、スラブ下面からの乾燥がほとんど期待できず、防水施工時も乾燥が不十分であったと考えられる。この下地の乾燥不足により膨れが生じた。膨れだけでは漏水は生じないが、膨れ箇所は容易に損傷してしまうことが影響していた。

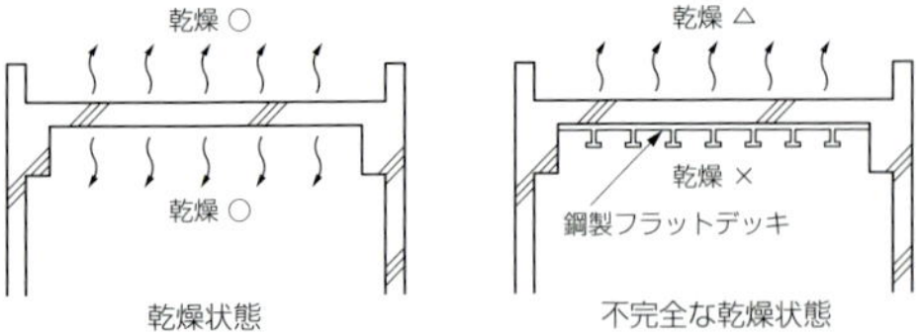

乾燥○　　　　　　　　　　乾燥△
乾燥○　　　　　　　　　　乾燥×
　　　　　　　　　　　　　鋼製フラットデッキ

乾燥状態　　　　　　　　　不完全な乾燥状態

処置 軽微な場合は、膨れ箇所の塗膜防水層を除去し、補強布により補強張りの上、再施工した。膨れた部分の防水層は、密着部分よりも温度変化が大きくなり、耐久性が低下したり、寒冷地では凍結による劣化も懸念されるため、広範囲に再発が予見される場合は、協議により脱気工法（39ページ「対策1、2」参照）を考慮した補修も検討する必要がある。

対策

1. **露出防水密着工法**

   下地の乾燥が不十分な状況では、プライマーの付着が悪く、防水層施工後に剥がれやすい箇所ができ、その後膨れに発展する。露出防水では、絶縁工法として脱気装置を設けることで、ほぼ膨れを防止できる。
   以下のような構成の下地では乾燥が遅いため、特に注意が必要である。
   ① デッキプレートなどに現場打ちコンクリートを打設した下地（片面のみの乾燥となるため）。
   ② 現場打ちコンクリートの下端に、断熱材を打ち込んだ内断熱工法の下地（片面のみの乾燥となるため）。
   ③ 吸水性の大きい骨材（軽量骨材・パーライト等）を用いたコンクリート、またはモルタルを施した下地（骨材に含まれた水分の乾燥が遅いため）。
   ④ 材料の吸水性が大きく、乾燥に日数を要する下地（例えば、長時間降雨を受けたALC等）。

2. **脱気装置**

   脱気装置の種類と概要[10]

形　式	型	材　質	取付け間隔	備　考
	平場部脱気型	ポリエチレン ABS樹脂 ステンレス鋼 鋳鉄	防水層平場 25～100m² に1個程度	防水面積の大きい場合など、必要に応じて立上がり部脱気型装置を併用することもできる
	立上がり部脱気型	合成ゴム 塩ビ ステンレス鋼 鋼	防水層立上り部長さ10m 間隔に1個程度	防水面積の大きい場合など、必要に応じて平場部脱気型装置を併用することもできる

3. **下地の乾燥度合いの確認方法**

   ① 1m角程度の透明ビニルシートの周囲をテープ張りで下地に張り付け、一昼夜後の結露水の有無で判断する。
   ② 高周波水分計により、下地の含水率を測定する方法（8%程度以下が目安）。
   ③ 下地コンクリートの打設後の経過日数による方法。
   ④ 目視により、むらなくよく乾いた色合いであることを確認する。＊③と④は併用すること。

チェック
対策1 ☞ ケース14
対策2 ☞ ケース14
対策3 ☞ ケース14

品質管理のポイント

☞ 露出の密着工法では、下地の乾燥期間を確保できる工程であるかを事前に確認（梅雨時等の施工時期の確認も含む）すること。
☞ 片面乾燥となり、乾燥が不十分となる下地構成には、露出防水密着工法は施工せず、脱気装置付き絶縁工法を採用すること。

漏水対策 — 屋根

7 排水ドレンの設置不良による漏水

ケース16 排水ドレンの設置位置不良が原因で漏水した！

現象 竣工後5年のRC造10階建集合住宅で、屋上排水ドレン回りの防水層に欠陥があり、ドレン回りから漏水した。また、ドレン回りのレベルが高かったために、ドレン周囲に雨水や泥が溜まり、草やコケ・カビが繁殖して防水層を痛める状況にもなっていた。

原因 排水ドレンの位置をパラペットに接近させ過ぎたために、排水ドレン回りが複雑な防水施工となり、精度を欠いたために欠陥部を生じてしまった。

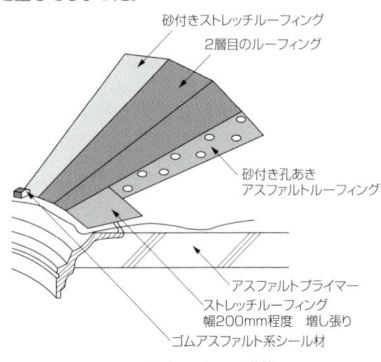

砂付きストレッチルーフィング
2層目のルーフィング
砂付き孔あきアスファルトルーフィング
アスファルトプライマー
ストレッチルーフィング 幅200mm程度 増し張り
ゴムアスファルト系シール材

ドレン回りの複雑な納まり例[11]

処置 ドレンの設置位置を変更することは現実的に困難であり、新たな欠陥が生じる可能性があるため、防水を入念に施工し直すことで対応した。

対策

1 排水ドレンの設置位置

ドレンは防水施工に支障のない位置に設ける。ドレン回りは防水施工の段階で、幅200mm程度のストレッチルーフィングやシート類の増し張り補強を行ったり、シート類の重ねをすることになっているため、パラペットの立上がり部分に接近して取り付けない。ドレンつばと立上がりとの間隔は、300mm程度を確保する。

ルーフドレン径とその中心から外壁面までの距離[12]

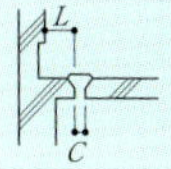 ルーフドレン径 Cmm (in)	80 (3)	100 (4)	125 (5)	150 (6)	200 (8)
中心距離 Lmm	325	350	375	400	425

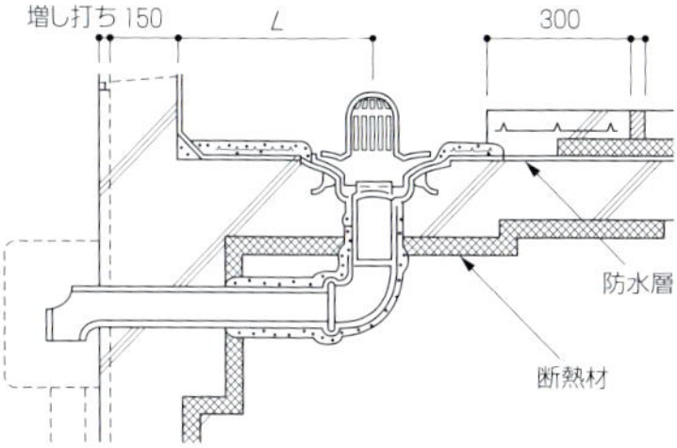

縦引き型ドレン回りの納まり(mm)

- 排水ドレンは、事前に防水工事業者と打合せの上、選定する。
- 排水ドレンは、コンクリート打設前に型枠に固定し、コンクリートに打ち込む。

チェック

対策1
ケース10
ケース11
ケース12
ケース13
ケース14
ケース15

2. ALCの場合の排水ドレンの設置

ALC専用ドレンを使用し、ALCの鉄筋に当たった場合には、鉄筋を切断しながら貫通穴加工を行い、ドレンつば皿を埋め込むための加工を行うとともに、ドレンを固定してから防水工事を行う。

対策3
ケース10
ケース11
ケース12
ケース13
ケース14
ケース15

3 排水ドレンの設置レベルの注意事項

取付けに際しては、ドレンのつばの天端レベルを周辺コンクリート天端よりも約3〜5cmほど下げ、コンクリート打設時の天端均しでは、半径60cm前後をドレンに向かって斜めにすり付ける。ドレンのレベルが高いと周辺に土砂が溜まりやすくなる。

品質管理のポイント

- ドレンは、適切な形状のものを選定すること。
- ドレンは、躯体に打ち込むこと。
- ドレン回りのレベルは、周辺のコンクリート天端より下げること。
- ドレンは、防水立上がりから適切な距離をおいて設置すること。
- ドレンは、小面積の屋根以外は必ず2箇所以上設置すること。

4章 剥離・剥落対策－外装タイル

① 張付けモルタルの塗り厚不足（1）

ケース17 圧着張りによる外装タイルの一部が剥落した！

現象
竣工後7年のRC造7階建集合住宅で、外装タイル（小口平）が各所で剥離し、一部が剥落した。このタイルの裏面には、モルタルの付着がほとんどなかった。

原因
1. 型枠精度が良かったため、改良圧着張り工法を圧着張りに変更した。
2. 張付けモルタルの塗り厚が3mm程度であったため、塗り厚不足から下地モルタルに吸水され、硬化不良を起こした。
3. 圧着時のたたき込み不足により、目地部に張付けモルタルが盛り上がらなかったことも一因と考えられる。
4. 裏足の形状も悪かった。

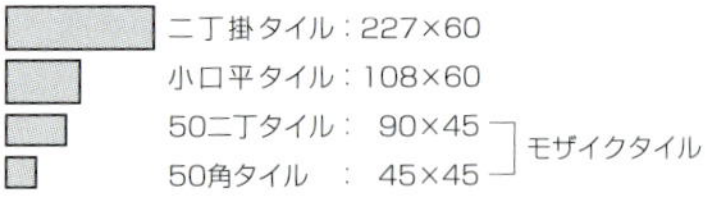

```
■ 二丁掛タイル：227×60
■ 小口平タイル：108×60
■ 50二丁タイル： 90×45  ┐モザイクタイル
■ 50角タイル  ： 45×45  ┘
```
タイルの大きさ別分類（mm）

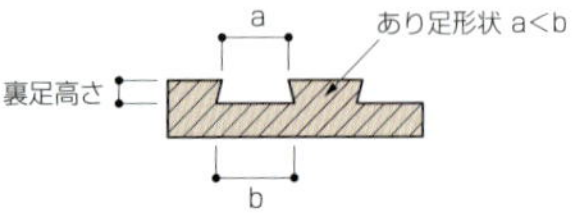

あり足形状 a<b
裏足高さ
裏足高さとあり足

処置
他の壁面すべてに足場をかけてテストハンマーで打診し、浮いている範囲をカッターを使用して剥がした。下地面の汚れを水洗いで除去し、硬化不良部分は確実に補修してタイルを張り替えた。

対策

1. **モルタルの調合** 💧 水の入れ過ぎに注意！

モルタルの調合[13]　　　　（容積比）

工　法		セメント	細骨材	混和剤
改良圧着張り		1	2.0～2.5	適　量
改良積上げ張り	外装	1	2.0～3.0	適　量
	内装	1	4.0～5.0	適　量
密着張り		1	1.0～2.0	適　量
モザイクタイル張り		1	0.2～1.0	適　量
マスク張り		1	0.5～1.0	適　量

2. **下地処理**
　　下地モルタルの清掃と水湿しを徹底する。
3. **タイルの形状**
　　タイルの形状は左右対称とし、あり足形状とする。
4. **裏足の高さ**

タイルの形状と裏足の高さ

タイルの種類	形　状	裏足の高さ(mm)
モザイクタイル	50角　50二丁	0.7以上
外装タイル	小口平　二丁掛	1.5以上

5. **改良圧着張り工法**
　　張付け用モルタルを下地面に塗り、モルタルが軟らかいうちに、タイル裏面に同じモルタルを塗ってタイルを張り付ける工法。

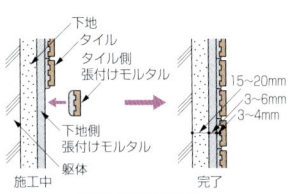

改良圧着張り工法

チェック

対策1 ☞ ケース18
対策4 ☞ ケース18

6. **圧着張りの施工上の注意**
　　張付けモルタルがタイル周辺からはみ出るまで、タイルを押さえ込む。

品質管理のポイント

☞ 圧着張りは、作業性は良いが叩き込み不足になりやすく、下地の不陸で張付けモルタルが薄くなるところは、特にタイルへの食い込みが悪くなるので、改良圧着張りか、密着張りを採用する。

☞ 小口平タイル以上の寸法のものは、張付けモルタルの塗り厚は改良圧着張りで下地面側に3～6mm、タイル面側に3～4mm、密着張りでは下地面に5～8mmを確保すること。

剥離・剥落対策－外装タイル

② 張付けモルタルの塗り厚不足（2）

ケース18 外壁の深目地仕上げの二丁掛タイルが剥落した！

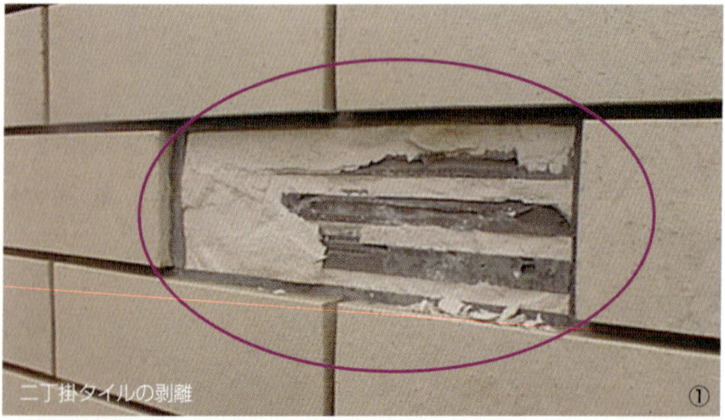

①二丁掛タイルの剥離

②深目地状況

現象
竣工後6年のRC造6階建の病院で、密着張り工法の外壁二丁掛タイルが一部剥落した（写真①）。また、タイルが浮いている箇所も多数あり、かなり危険な状態である。目地は深目地仕上げをしている。

原因
写真①②とも、深目地仕上げの指示がされていたので、張付けモルタルが目地にはみ出すのを避けるため、張りしろの厚み分だけ薄く塗ってタイルを張ったために、タイルとモルタルがなじまなかったものと思われる。

処置
写真①②とも、壁面すべてに足場をかけて、その他に不具合箇所がないか外装タイルを打診し、打音により剥離・浮きの有無を確認した。不具合の該当箇所はタイルの張替えを行った。深目地部には、目地による拘束を補うために目地材を詰めた。

対策

1. 密着張り工法
張付け用モルタルを下地面に塗り、モルタルが軟らかいうちに、タイル張り用振動工具を用いてタイルに振動を与え、埋め込むように張り付ける工法。

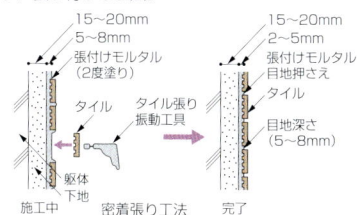

施工中　　密着張り工法　　完了

（図中注記）
- 15～20mm
- 5～8mm
- 張付けモルタル（2度塗り）
- タイル
- 躯体下地
- タイル張り振動工具
- 15～20mm
- 2～5mm
- 張付けモルタル目地押さえ
- タイル
- 目地深さ（5～8mm）

2. 深目地仕上げの禁止
タイル張りの施工実験で、張付けモルタルの目地への盛り上がり量が大きいほどタイルとのなじみがよくなり、接着性を向上させる結果が出ているので、無意味な深目地仕上げは避けたほうがよい。

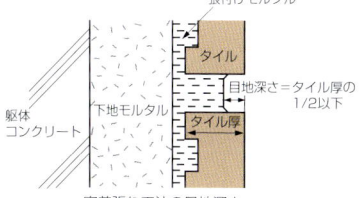

密着張り工法の目地深さ

（図中注記）
- 張付けモルタル
- タイル
- 目地深さ＝タイル厚の1/2以下
- 躯体コンクリート
- 下地モルタル
- タイル厚

3. 深目地仕上げの場合の応力
深目地仕上げでモルタルを充填しない場合は、雨水が浸入しやすい。また、タイル裏面付近のずれが生じやすく、この力に抵抗しきれなくて剥離したり、タイルの裏足破壊を生じる可能性が高くなる。

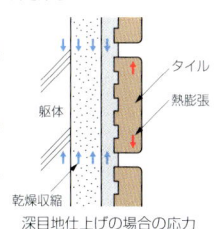

チェック
対策1 ☞ ケース17

深目地仕上げの場合の応力

（図中注記）タイル／熱膨張／躯体／乾燥収縮

品質管理のポイント

☞ タイルの裏足谷部に空隙がある場合にも、裏足破断や剥離が生じる場合があるので、午前・午後各1回、2～3枚タイルを剥がしてタイル裏面の接着状態（モルタルの付き具合）を確認すること。
☞ 密着張りの場合には深目地仕上げは避け、必ず目地モルタルを充填すること。

剥離・剥落対策－外装タイル

③ 目地付近からのタイルの剥離・剥落（1）

ケース19 外装タイルが伸縮目地付近から剥落した！

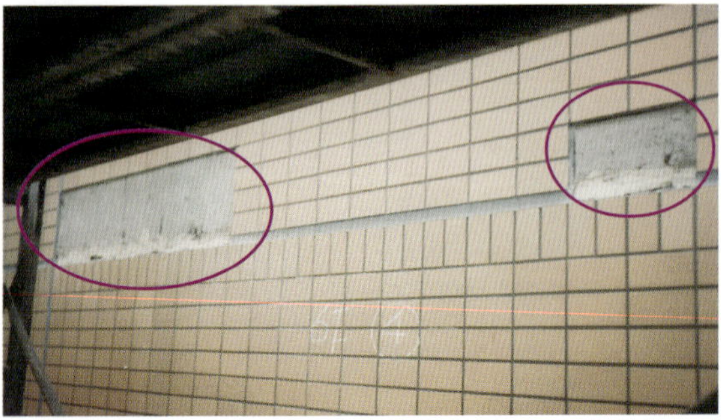

現象　竣工後2年のRC造7階建市民ホール6階外壁部分のタイルが、伸縮目地付近から剥落した。

原因　下地コンクリートに水平打ち継ぎ目地が入っていなかったため、亀裂誘発目地としての効果がなかった。

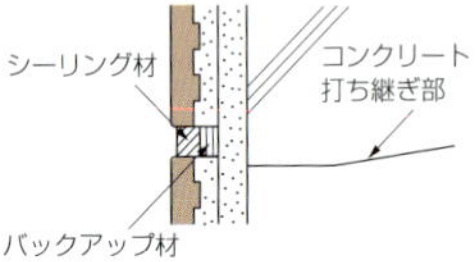

水平目地の場合（悪い例）

処置　外壁全面に足場をかけて、躯体に水平打ち継ぎ目地（亀裂誘発目地）を新規に設けて三面シール（ポリウレタンシーリング）を打設し、タイルの伸縮目地と位置を一致させて張り替えた。

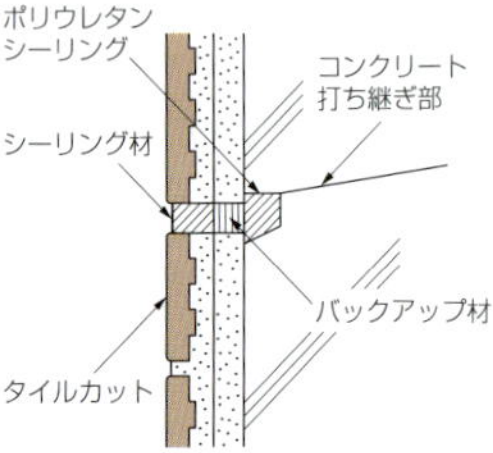

水平目地の場合（補修後）

対策

1. 伸縮目地の位置
タイルの伸縮目地は、躯体の目地に合わせて設置する。

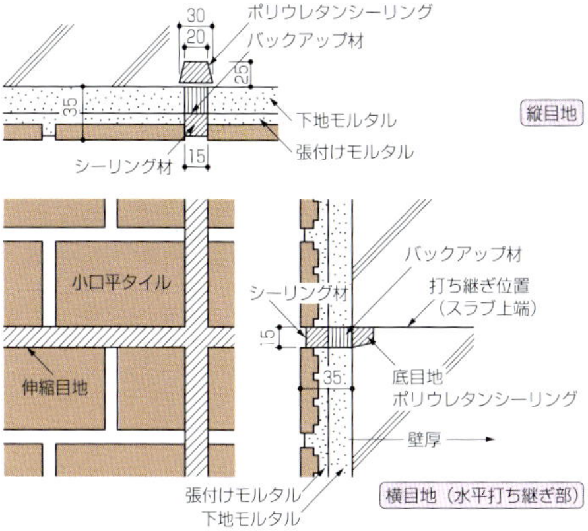

伸縮目地の納まり（mm）
- 縦目地：ポリウレタンシーリング、バックアップ材、下地モルタル、張付けモルタル、シーリング材
- 横目地（水平打ち継ぎ部）：小口平タイル、伸縮目地、シーリング材、バックアップ材、打ち継ぎ位置（スラブ上端）、底目地、ポリウレタンシーリング、壁厚、張付けモルタル、下地モルタル

2. 伸縮目地の深さ
目地の幅と深さは、それぞれ10mm以上とする。

3. 伸縮目地の配置（例）
① 水平：
- 各階水平打ち継ぎ部。5m以上の場合にはその中間部

② 垂直：
- 柱際
- 開口部際
- 無開口壁の場合3～4m間隔
- 建物の取合い部（入隅部）
- 出隅から0.6m以下

③ サッシその他仕上材との取合い部

④ 伸縮目地に囲まれた面積は10m²以内

⑤ 下地モルタルの伸縮目地と同位置

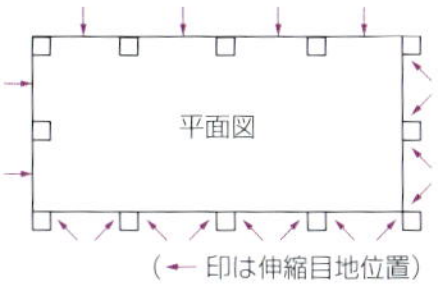

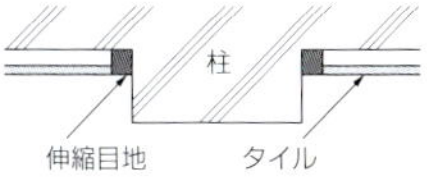

（→印は伸縮目地位置）

伸縮目地の平面位置（柱、タイル、伸縮目地）

チェック
- 対策1 ☞ ケース20
- 対策2 ☞ ケース20／ケース23／ケース24／ケース25／ケース29
- 対策3 ☞ ケース20／ケース23／ケース24／ケース25／ケース29

品質管理のポイント

☞ 伸縮目地の位置とコンクリート誘発目地の位置を一致させること。

☞ 下地モルタルまで明確に縁切りした目地とすること。

☞ 目地をまたいだタイル張りは行わないこと（49ページ「対策1」参照）。

剥離・剥落対策 — 外装タイル

④ 目地付近からのタイルの剥離・剥落（2）

ケース20 構造スリット部に張ったタイルがひび割れた！

①

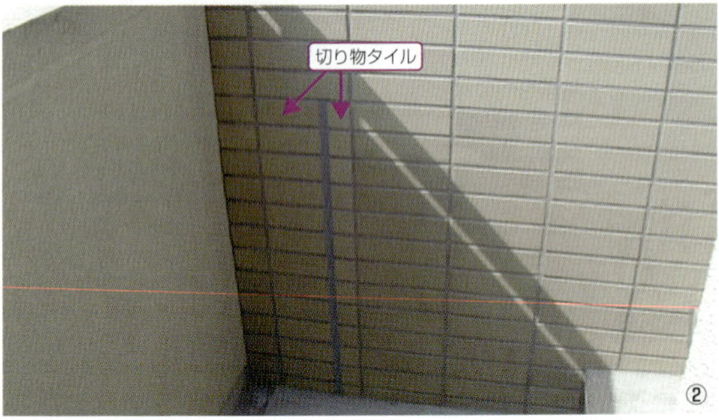

切り物タイル

②

現象
竣工後1年のSRC造13階建集合住宅で、外壁二丁掛タイルにひび割れが入った。ひび割れたタイルを剥がしたところ、その下には構造スリットがあった（写真①→印）。

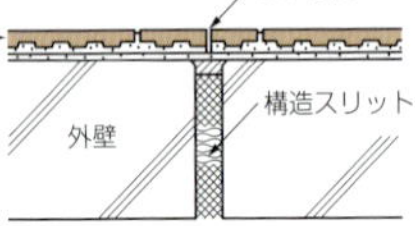

二丁掛タイル
外壁
構造スリットをまたいだタイル張り
ひび割れ
構造スリット

原因
構造スリットは、一般の目地よりも動きが大きいため、今回のようなタイル面のひび割れが発生した。

処置
ひび割れが発生した外壁面に足場をかけ、ひび割れた部分のタイルを剥がし、構造スリットの位置に合わせて切り物（カット）タイルを張り、伸縮目地を設けた（49ページ「対策1」参照）。

対策

1. 構造スリット上でのタイル張りの禁止

一般の伸縮目地の断面欠損率が25%程度であるのに対して、構造スリットは100%欠損(つながっていない)の目地であり、熱や乾燥収縮の影響を受けて、伸縮目地の何倍も幅が変化する。したがって、構造スリットの上にタイルを張れば、割れることは明らかである。

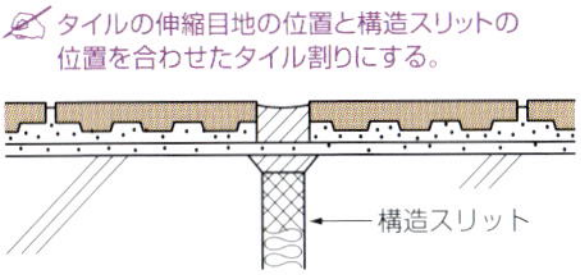

📝 タイルの伸縮目地の位置と構造スリットの位置を合わせたタイル割りにする。

←構造スリット

タイルの伸縮目地の位置と構造スリットの位置を合わせたタイル割り

📝 うまく割付けができない場合には、切り物(カット)タイルを入れて、構造スリットの位置には必ず伸縮目地を入れる。

切り物タイル ←構造スリット

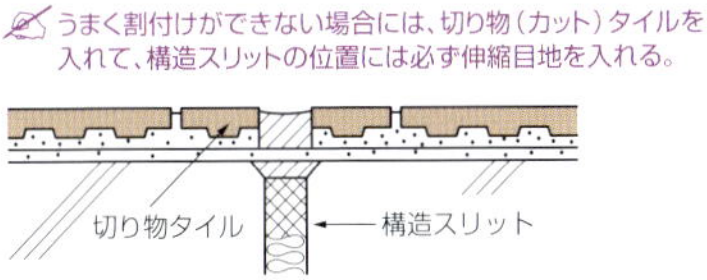

構造スリットの位置でうまくタイル割りができない場合

2. 伸縮目地幅の悪い例

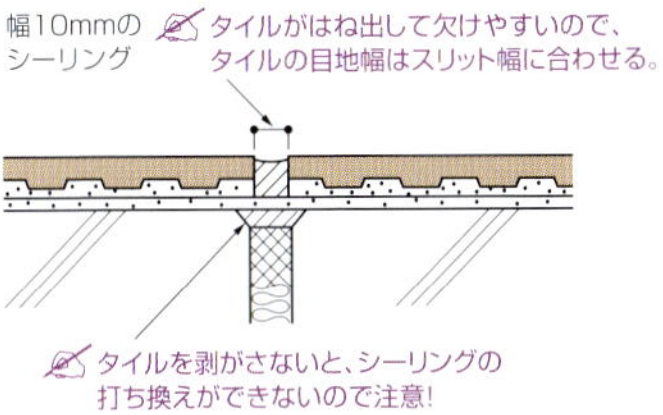

幅10mmのシーリング　📝 タイルがはね出して欠けやすいので、タイルの目地幅はスリット幅に合わせる。

チェック
対策1 ☞
　ケース 1
対策2 ☞
　ケース 19
　ケース 24
　ケース 25

📝 タイルを剥がさないと、シーリングの打ち換えができないので注意!

伸縮目地幅が適正でない例

品質管理のポイント

☞ タイルの伸縮目地の位置と構造スリットの位置を合わせたタイル割りにする。
☞ タイル割りがうまくできない場合には、切り物タイルを入れて、構造スリット位置には必ず伸縮目地を入れる。

剥離・剥落対策－外装タイル

⑤ 防水層からの外装タイルの剥離

ケース21 外壁セットバック部のタイルが防水層から剥離した！

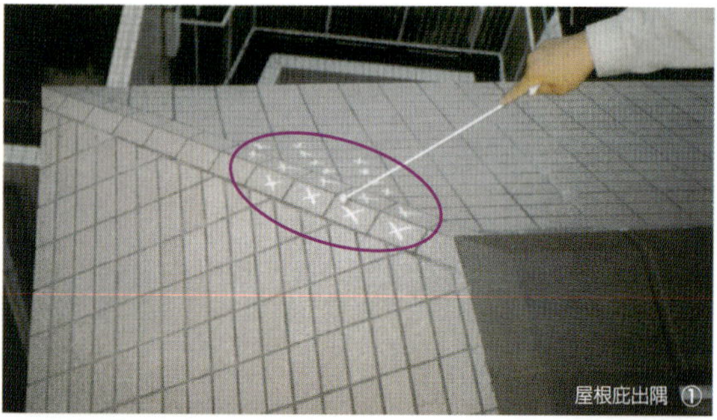

屋根庇出隅 ①

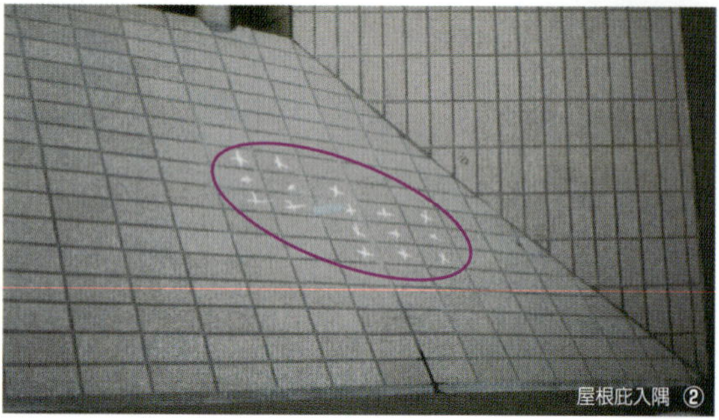

屋根庇入隅 ②

現象　竣工後5年のRC造6階建集合住宅で、2階部分の外壁セットバック（斜め屋根）の小口平タイルが防水層から剥離した（写真①②○印）。

原因　剥離状況および剥離サンプルの分析結果から、剥離の直接的原因は、アスファルト防水層の破断によるものであった。つまり、アスファルト層の熱による軟化と、下地モルタルとタイルの自重によるせん断クリープ変形、あるいは経年劣化によるものと考えられる。

処置　躯体にアンカーボルトを打ち込み、ワイヤメッシュを設けて再度タイルを張った。

対策

1. **アンカーボルトの打込み**
   コンクリート躯体に、500mm程度の間隔でステンレスアンカーボルト（φ12）を打ち込む。
2. **防水施工**
   アンカーボルト周辺の防水は、漏水の危険性があるため、特にていねいに行う。
3. **ワイヤメッシュの取付け**
   結束線でアンカーボルトにワイヤメッシュ（2.6mm、@100）を取り付ける。溶接で取り付ける場合には、防水層の養生が必要である。
4. **下地モルタル**
   通常のモルタル調合程度（1：3モルタル）でタイル下地をつくる。
5. **下地モルタルの養生と手直し**
   モルタル施工後の養生期間を2週間以上はとり、収縮によるひび割れを手直しする。
6. **タイル張り**
   タイル張りは、通常の方法による。
7. **目地詰め**
   目地詰めは、通常の方法による。

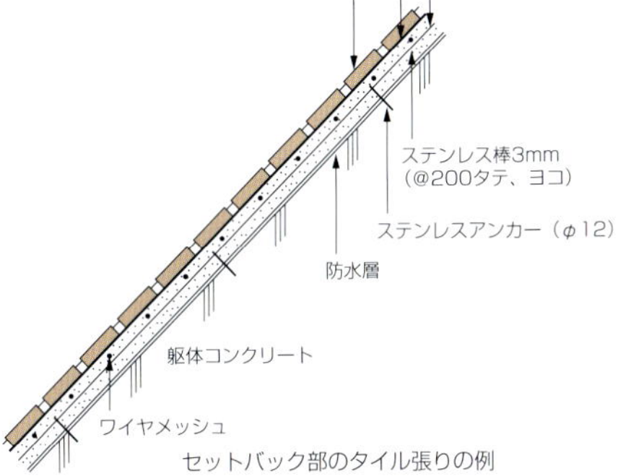

チェック
対策4 ☞
ケース17
対策5 ☞
ケース20
対策6 ☞
ケース17
ケース18
ケース19
対策7 ☞
ケース17
ケース18
ケース19

図中ラベル：張付けモルタル／タイル／下地モルタル／ステンレス棒3mm（@200タテ、ヨコ）／ステンレスアンカー（φ12）／防水層／躯体コンクリート／ワイヤメッシュ

セットバック部のタイル張りの例

品質管理のポイント

☞ 外壁セットバック面は雨がかりが多く、汚れが付着しやすいことや、日差しが当たりやすく、その熱による伸縮も多いため、剥離・剥落の原因になりやすい。できれば建物所有者や発注者、設計者に、シングル葺き等の工法変更を依頼することが望ましい。

剥離・剥落対策―外壁塗装

① 外壁ウレタン塗装の剥離

ケース22 外壁ウレタン塗装が剥離した！

吹抜け梁天端のウレタン塗装の剥離 ①

外廊下手摺り壁笠木のウレタン塗装の剥離 ②

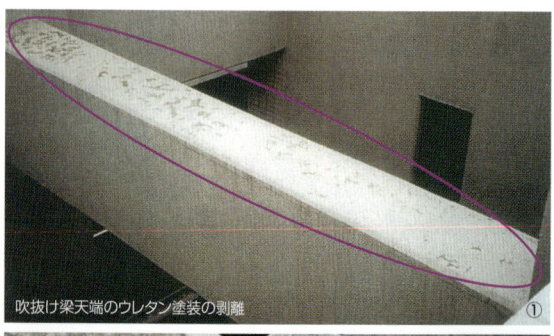

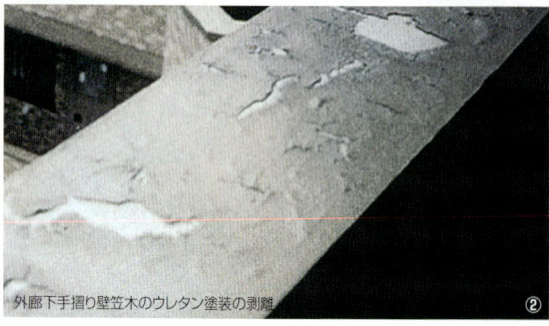

現象
写真①：竣工後5年のRC造8階建集合住宅で、外部吹抜け梁天端のウレタン塗装が剥離した。
写真②：竣工後1年のRC造12階建集合住宅で、外部廊下手摺り壁笠木のウレタン塗装が剥離した。

原因
写真①②とも、工期が短く仕上工事が圧縮されたことと、平均温度の低い2月に塗装工事を実施したため、下地コンクリートの乾燥が十分とれない状況での施工が原因であった。

処置
写真①②とも、外壁面に足場を設置し、塗装を全面に渡って剥がし十分な清掃を行った後、高周波水分計とpHメーターを使用して、含水率およびアルカリ度を測定し、ウレタン塗装を再度行った。

対策

1. 二液形ポリウレタンエナメル塗り

長期間に渡る耐候性や美装性を要求される建築物外部の鉄骨、亜鉛めっきを施された鉄骨や鋼製建具、およびコンクリート外壁等に対する着色塗装仕上げをする場合に適用する。
塗装の使用には、海岸や工業地帯等の厳しい腐食環境における重防食環境といわれるものと、一般的な腐食環境におけるものとがあるが、ここでは後者の一般的な腐食環境を前提としたものである。

コンクリートおよび押出成形セメント板面の二液形ポリウレタンエナメル塗りの標準工程間隔時間および標準最終養生時間[14]

塗料				標準工程間隔時間
規格番号	規格名称	種類	用途	(気温20℃のとき)
JASS 18 M-201	反応形合成樹脂ワニス	二液形エポキシ樹脂ワニス	下塗り	16時間以上7日以内
JASS 18 M-403	二液形ポリウレタンエナメル用中塗り	—	中塗り	16時間以上7日以内
JIS K 5656	建築用ポリウレタン樹脂塗料	—	上塗り	72時間以上*

*) 標準最終養生時間を示す。

2. 現場打ちコンクリート下地への施工適正材齢[15]

地域分類	打設後の放置期間		
	夏期2週間	冬期3週間	冬期4週間
一般地帯	4月〜10月	11月〜3月	—
寒冷地帯	5月〜 9月	—	10月〜4月

* 1) 寒冷地帯：北海道・東北・上信越・北陸地域。
 2) 一般地帯：寒冷地を除く地域 (BE、1972・3)。

3. 下地の含水率とアルカリ度

コンクリート	含 水 率	8%以下 (高周波水分計)
モルタル	水素イオン濃度	pH9以下 (pHメーター)

チェック
対策 3 ☞
ケース 15
ケース 28
ケース 50

品質管理のポイント

☞ 外壁面に塗装を行う場合、下地コンクリート面は平滑にし、鉄筋・番線等の突起物、粗骨材、モルタルのこぼれ等は、塗装面を損傷する原因となるので完全に除去し、下地を十分に乾燥させた上で行うこと。

☞ ポリウレタン塗装では、鉄骨面、亜鉛めっき鋼面、コンクリート面でそれぞれ工程や材料が異なるので、使用を十分に検討する。

剥離・剥落対策―コンクリート

① 床コンクリートの剥離

ケース23 かさ上げ土間コンクリートにひび割れ・浮きが発生した！

現象
竣工後8年のRC造10階建（地下2階）の事務所ビルで、地下駐車場床仕上げのかさ上げ土間コンクリートに、意匠的に伸縮目地が入れられなかったため、その代替えにカッター目地を施工したところ、クラックが発生し始め、部分的にコンクリートの浮きも認められるようになった。また、車路がT字型に交差する部分では、1スパンほとんどに及ぶ広範囲に浮きが発生した。なお、カッター目地の施工時期は2月であった。

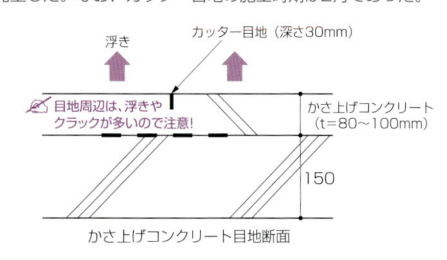

浮き　カッター目地（深さ30mm）

目地周辺は、浮きやクラックが多いので注意！

かさ上げコンクリート（t=80〜100mm）

150

かさ上げコンクリート目地断面

原因
伸縮目地を設置していなかったことから、土間コンクリートが後打ちのために、乾燥収縮時にひび割れが生じたと推測される。また、地下駐車場の車路の平面形状がT字型に交差していたため、乾燥収縮が2方向となり、ひび割れや浮きが顕著となった。

処置
1スパンのほとんどが浮いている部分は、かさ上げコンクリート撤去後に伸縮目地を設置し、コンクリートを打設し直した。その他のクラック周辺は、部分的な浮き部分にステンレスピンを挿入の上、エポキシ樹脂の注入を行った。

対策

1. かさ上げ土間コンクリートへの伸縮目地の設置
① 伸縮目地の設置について、発注者および設計者との協議の上で決定する。
② 伸縮目地の材種と割付けを十分検討する。

2. 交差部への伸縮目地の設置
T字型などの交差部分には、伸縮目地を確実に設置して、乾燥収縮の方向性の影響を遮断し、かつ割れ止めのワイヤメッシュ筋の増し筋等を行う。

打ち継ぎ面での段差防止のため、打ち継ぎ目地は下図の方式が望ましい。

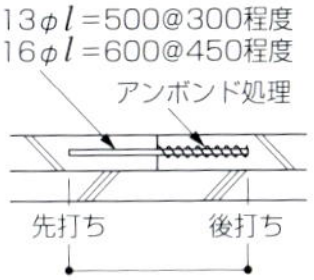

13φℓ=500@300程度
16φℓ=600@450程度
アンボンド処理

先打ち　後打ち
スリップバー方式

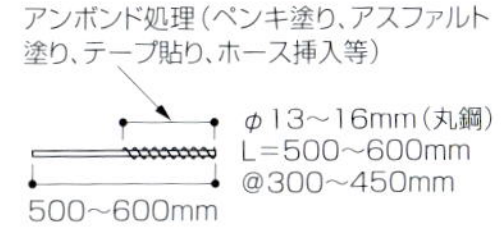

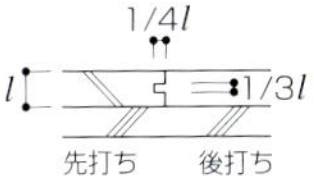

1/4ℓ
ℓ　1/3ℓ
先打ち　後打ち
コッター方式

アンボンド処理（ペンキ塗り、アスファルト塗り、テープ貼り、ホース挿入等）
φ13〜16mm（丸鋼）
L=500〜600mm
@300〜450mm
500〜600mm

📝 コンクリートとのスリップを促すためのもので、異形鉄筋を使用する場合には、必ずアンボンド処理を行う！

アンボンド処理

3. カッター目地
① やむを得ずカッター目地を施工する場合は、施工時期を検討し、目地周辺に浮き防止のための差し筋アンカー（D10@500）を打設し、躯体とかさ上げコンクリートを一体化する。
② カッター切りの目安は、夏期はコンクリート打設後2日以内、冬期は4日以内で、表面の損傷がない範囲で早めに行い、深さは20mm以上とする。

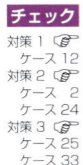

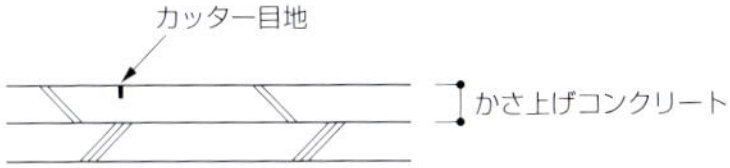

チェック
対策1 ☞
　ケース 12
対策2 ☞
　ケース 2
　ケース 24
対策3 ☞
　ケース 25
　ケース 33

カッター目地
かさ上げコンクリート
カッター目地

品質管理のポイント

☞ T字型の交差部分には伸縮目地を確実に設置して、乾燥収縮の方向性の影響を遮断し、かつ割れ止めのワイヤメッシュ筋の増し筋等を行うこと。

☞ カッター目地を施工する場合は施工時期を検討し、目地周辺に浮き防止の差し筋アンカーを打設し、躯体とかさ上げコンクリートを一体化すること。

剥離・剥落対策ーコンクリート

❷ 下地クラックの追従によるひび割れ・剥離

ケース24 土間タイル面にひび割れと浮きが発生した!

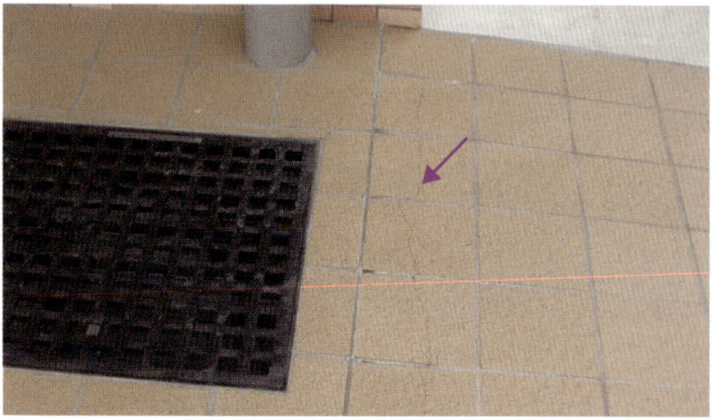

現象
竣工後2年のRC造9階建集合住宅の1階エントランス土間タイル面に、土間コンクリートのクラックによりひび割れ(写真→印)および浮きが発生した。

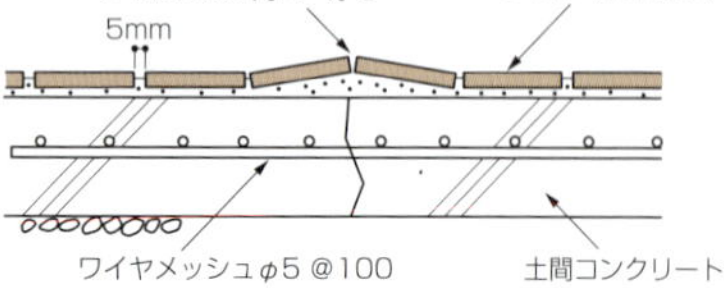

タイルのひび割れ・浮き　タイル(圧着張り)
5mm
ワイヤメッシュφ5 @100　土間コンクリート
土間コンクリートのクラックとタイルの浮き

原因
1. 土間コンクリートの伸縮目地のピッチが粗かった。
2. タイルの伸縮目地幅(5mm)が小さすぎた。
3. 伸縮目地とタイルの目地が一致していなかった。

処置
1. 伸縮目地が設けられていない箇所には、新規に伸縮目地を設けた。
2. 不具合部のタイルを剥がし、土間コンクリートを砂利地業層まで撤去した。砂利地業層の転圧を十分に行い、土間コンクリートを打設した。
3. タイルを張り、目地詰め、目地シールを行った。

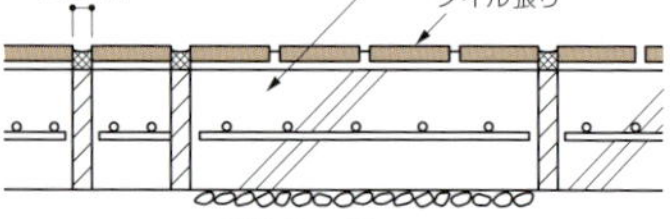

新規目地設置(全断面)　新規土間コンクリート打設
25mm　タイル張り
補修後の断面図

対策

1. **伸縮目地**
   土間コンクリートの伸縮目地の設置間隔を3～4mごととし、かつ目地で囲まれた面積は10m²以下とする。
2. **目地の位置**
   土間コンクリート、下地モルタル、張付けモルタル、仕上げのシーリングの伸縮目地の位置を一致させる。
3. **土間コンクリートの砂利地業層の転圧不足による沈下事例**
   下図は、土間コンクリート（スラブ配筋）の下の細石が荷重として働かないように、細石の上に防湿を兼ねてポリエチレンフィルムを敷き込んだ例である。

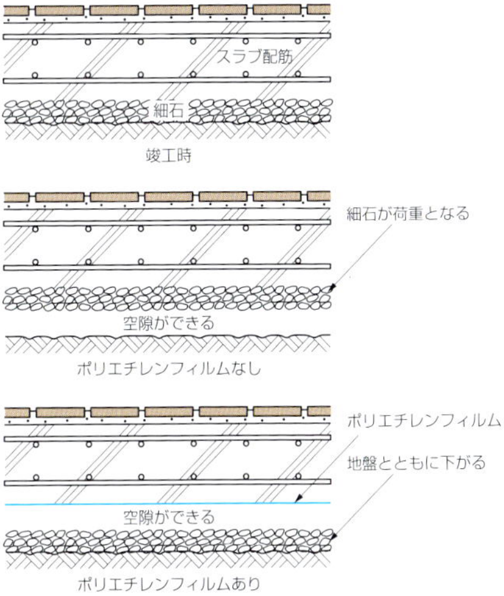

（竣工時）
 スラブ配筋
 細石

（ポリエチレンフィルムなし）
 細石が荷重となる
 空隙ができる

（ポリエチレンフィルムあり）
 ポリエチレンフィルム
 地盤とともに下がる
 空隙ができる

地盤沈下が起こる土間コンクリート（悪い例）

チェック
対策1 ☞
 ケース19
対策2 ☞
 ケース19
 ケース20
 ケース23
 ケース25
 ケース29

品質管理のポイント

☞ タイル割付けのチェックは十分に行うこと。
☞ エキスパンションジョイント金物の目地幅を、タイル目地幅より大きくとっておくこと。

剥離・剥落対策―コンクリート

③ 外壁打ち放しコンクリートの剥離（打ち継ぎ）

ケース25 外壁打ち継ぎ部のコンクリートが剥離した！

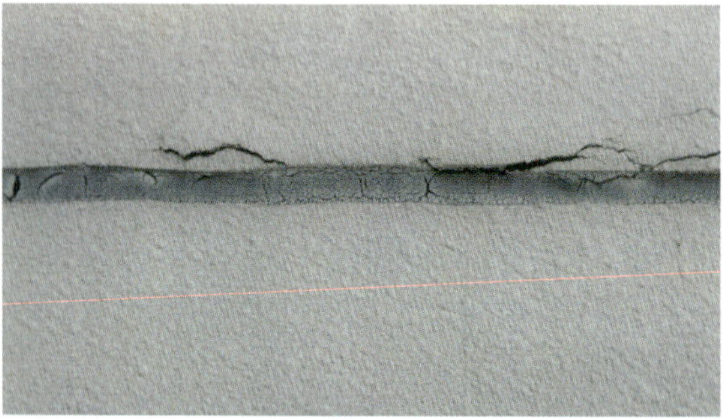

現象 竣工後4年のRC造6階建1階部分、柱と梁が打ち放しの事務所ビルにおいて、打ち継ぎ部分のコンクリートが剥離した（写真）。

原因 打ち継ぎ部は目地を設けシーリングしているが、シーリングが不完全で（目地は一部モルタルで補修）、そこから浸入した雨水などによりかぶり厚さ不足の鉄筋が発錆膨張し、コンクリートが押し出された。

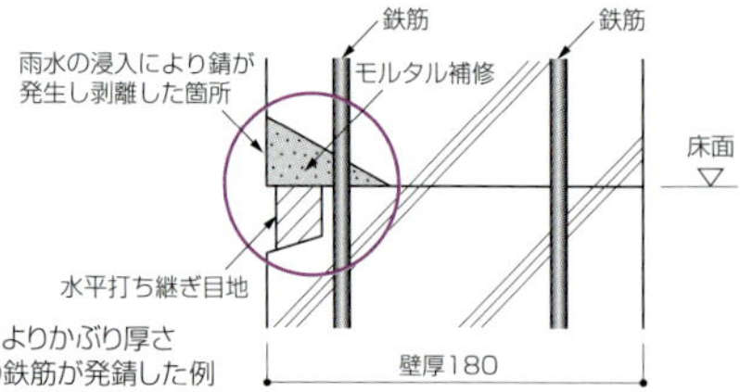

雨水の浸入により錆が発生し剥離した箇所
水平打ち継ぎ目地
雨水によりかぶり厚さ不足の鉄筋が発錆した例
鉄筋
モルタル補修
鉄筋
床面
壁厚180

処置 シーリング材をすべて撤去し、躯体の劣化した部分は、腐食した鉄筋の錆落としができるようになるまではつり出し、鉄筋の錆止め処理をした後、エポキシ樹脂モルタルで補修した。

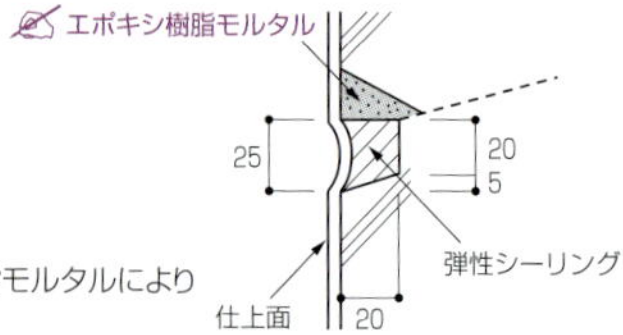

エポキシ樹脂モルタル
25
20
5
エポキシ樹脂モルタルにより補修した例
弾性シーリング
仕上面
20

対策

1. コンクリートかぶり厚さ

最小かぶり厚さ[16]

部位			最小かぶり厚さ (mm)	
			仕上げ有[*1]	仕上げ無
土に接しない部分	床スラブ 屋根スラブ 非耐力壁	屋内	20以上	20以上
		屋外	20以上	30以上
	柱 梁 耐力壁	屋内	30以上	30以上
		屋外	30以上	40以上
	擁壁		40以上	40以上
土に接する部分	柱・梁・床スラブ・壁・布基礎の立上がり部分		—	40以上[*2]
	基礎・擁壁		—	60以上[*2]

*1) 耐久性からみて有効な仕上げのある場合。
 2) 軽量コンクリートの場合は、10mm増しの値とする。

2. シーリング材の選定

部位・構成材別シーリング材の組合せ

部位・構成材	シーリング材	変成シリコーン系	ポリサルファイド系	ポリウレタン系
RC壁・壁式PC	打ち継ぎ目地 塗装有			○
	打ち継ぎ目地 塗装無	○	○	
石張り	石目地		○	
	窓外枠回り目地	○	○	
タイル張り	タイル目地		○	
	タイル下地目地			○
	窓外枠回り目地	○	○	

チェック

対策1 ☞
 ケース26
対策2 ☞
 ケース2
 ケース8
 ケース17
 ケース45
対策3 ☞
 ケース2
 ケース7

3. 目地の状態

①目地には、目違いや段差等がないこと。
②目地の被着面は、欠損や突起物がなく平たんで、かつ、ぜい弱部がないこと。
③被着面には、シーリング材の接着性を阻害するおそれのある水分、油分、錆、ほこり等が付着していないこと。

品質管理のポイント

☞ 躯体に設ける打ち継ぎ目地は、防水を第一の目的としているので三面接着とすること。
☞ シーリング材は、ポリウレタン系または変成シリコーン系が望ましい。
☞ 最適な作業環境は、シーリング材の種類により異なるが、一般的には気温15〜25℃程度、湿度80%未満で曇天無風状態である。

剥離・剥落対策―コンクリート

④ 外壁打ち放しコンクリートの剥落（柱・梁）

ケース26　コンクリートの爆裂により外壁柱・梁部が剥落した！

柱のかぶり不足による爆裂　①

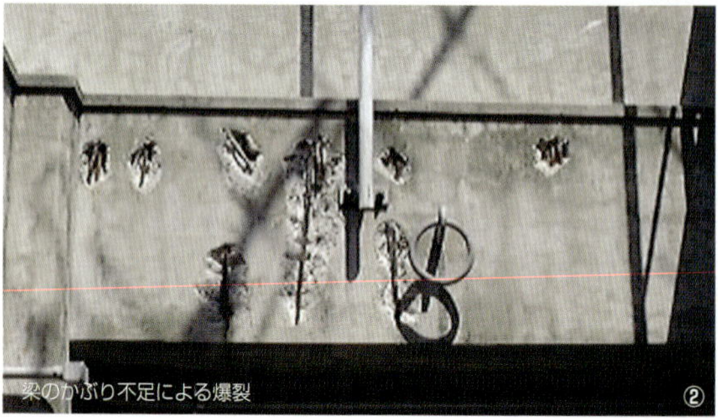

梁のかぶり不足による爆裂　②

| 現象 | 竣工後6年のRC造4階建、柱と梁が打ち放しの事務所ビルにおいて、バルコニーの柱（写真①）および屋上吹抜け部の梁（写真②）部分のコンクリートが剥落し、鉄筋が露出した。 |

| 原因 | フープ筋（写真①：柱）およびスターラップ筋（写真②：梁）までのかぶりが厚いところでも10mm程度しかなく、建物完成当時からひび割れが出ていたものと思われる。このひび割れから入った雨水などが、スターラップおよびフープ筋から主筋にまで及び、このため鉄筋が発錆膨張し、付近のコンクリートが剥落した。 |

| 処置 | 躯体の劣化した部分は、腐食した鉄筋の錆落としができるようになるまではつり出し、鉄筋の錆止め処理をした後に、中性化防止用モルタルで補修した。 |

対策

1. バーサポート・スペーサーブロックの配置

バーサポートおよびスペーサーなどの種類および数量・配置の標準[17]

部位	スラブ	梁	柱
種類	鋼製・コンクリート製	鋼製・コンクリート製	鋼製・コンクリート製
数量または配置	上端筋、下端筋それぞれ1.3個/m²程度	間隔は1.5m程度 端部は1.5m以内	上段は梁下より0.5m程度 中段は柱脚と上段の中間 柱幅方向は1.0mまで2個 1.0m以上3個
備考	端部上端筋および中央部下端筋には必ず設置	側梁以外の梁は上または下に設置、側梁は側面にも設置	

部位	基礎	基礎梁	壁・地下外壁
種類	鋼製・コンクリート製	鋼製・コンクリート製	鋼製・コンクリート製
数量または配置	面積 4m²程度 8個 16m²程度 20個	間隔は1.5m程度 端部は1.5m以内	上段梁下より0.5m程度 中段・上段より1.5m間隔程度 横間隔は1.5m程度 端部は1.5m以内
備考		上または下と側面の設置	

注1) 表の数量または配置は、5〜6階程度までのRC造を対象としている。
2) 梁・柱・基礎梁・壁および地下外壁のスペーサーは、側面に限りプラスチック製でもよい。
3) 断熱材打込み時のスペーサーは、支持重量に対してめり込まない程度の接触面積をもったものとする。

2. 結束線の処置

チェック
対策1 ☞
ケース25

☞ コンクリートの剥離防止には、結束線のかぶり厚さ確保が大切！

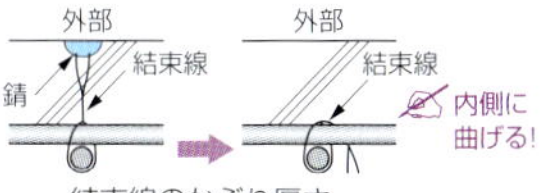

☞ 内側に曲げる！

結束線のかぶり厚さ

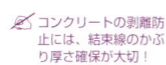

品質管理のポイント

☞ 有効なかぶり厚さは、外壁回りで最低40mm確保すること。
☞ 「住宅の品質確保の促進等に関する法律」では、施工段階の「かぶり厚さ」が厳しく検査されるので十分注意すること。
☞ かぶり厚さの管理には、スペーサーの色を変えると良い。
☞ コンクリートは、単位水量の少ない調合とする（低スランプ・良好な骨材の使用・混和剤の有効な利用等）こと。

剥離・剥落対策 — 内装材料

① 下地の剥離

ケース27 南側に面する居間のセルフレベリング材が剥離した！

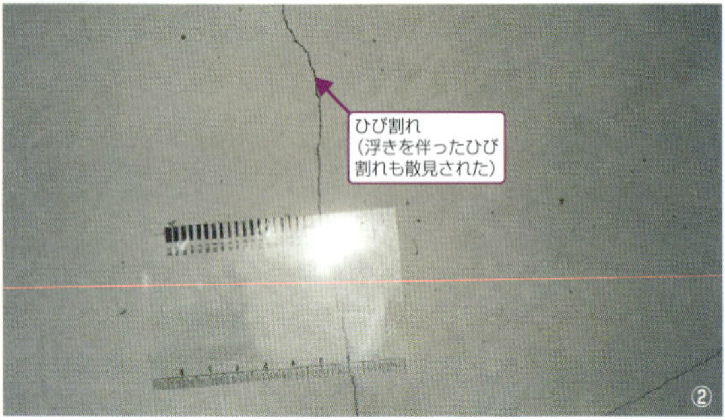

ひび割れ
（浮きを伴ったひび割れも散見された）

現象
施工中のRC造10階建集合住宅で、居間の床のセルフレベリング材が剥離した。ひび割れを伴って発生しており、特に南側サッシ際に多く見られた（写真①②）。使用材料はセメント系で、施工厚さは12mm程度であった。

原因
1. 一部に採用したセルフレベリング材メーカーが指定したものと異なるプライマーを使用したため、接着性が悪かった。
2. 南側に多く見られたことでもわかるように、温度応力の繰り返しが、コンクリート下地との接着性に影響を及ぼした。
3. 施工直後のサッシの開閉が、セルフレベリング材表面を急激に乾燥させた。

処置
剥離・浮きの確認後、不具合部分をすべて撤去した。粉じんの清掃後に、適切な専用プライマーを用いて再施工した。施工後1週間はサッシの開閉を禁止し、薄布で直射日光を遮った。

対策

1. セルフレベリング材の接着性を確保するための施工手順
    ① 下地コンクリートの処置
        ・金鏝押さえによる下地コンクリートの施工
        ・下地の清掃

    📝 下地の汚れ、ぜい弱層、レイタンス、油分などを入念に除去すること!

    ② プライマー塗布
        メーカー仕様の希釈倍率とし、2回塗りを標準とする。1回目のプライマーが十分乾燥し透明になったのを確認してから、2回目のプライマーを塗布する(写真③)。

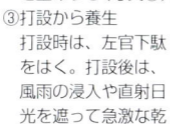

    プライマー塗布

    ③ 打設から養生
        打設時は、左官下駄をはく。打設後は、風雨の浸入や直射日光を遮って急激な乾燥を避ける。

2. セルフレベリング材に関するその他の不具合事例
    ① 気泡の発生
        気泡は、プライマーを1回塗りのみとした場合や、ローラーやゴムベラで塗布した場合等に発生することがある。これらの補修は、皮すきやスクレーパー等で除去し、補修モルタルで行う。

    セルフレベリング打設状況

    ② 白華(エフロレッセンス)現象
        加水量が多い場合や、5℃以下で施工した場合に発生することがある。補修方法は気泡に準じる。

    チェック
    対策1 ☞
        ケース28
    対策2 ☞
        ケース 6
        ケース28
        ケース43
        ケース44

    白華現象

品質管理のポイント

☞ セルフレベリング材に浮きが発生する原因の一つに、プライマー塗布後の土足による立入りがあげられる。1回目のプライマー塗装直後から、立入禁止処置をとるなどの管理を徹底すること。

☞ 下地コンクリートのレベル精度管理も重要で、セルフレベリング材の施工厚さは、最大でも20mm以下とする。厚過ぎや極端な不陸は、剥離やひび割れの原因になるので注意すること。

剥離・剥落対策―内装材料

② フローリング床の剥離

ケース28 集合住宅の住戸内廊下のフローリング床が剥離した！

剥離を起こし張り替えた箇所

現象
竣工後1年のRC造10階建集合住宅の10階南面住戸で、廊下のフローリング床に剥離および浮きが見受けられた。しかし、せり上がりはなかった。

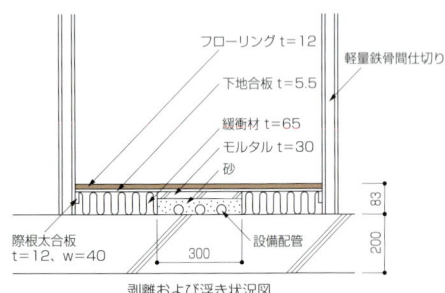

剥離および浮き状況図

- フローリング t=12
- 軽量鉄骨間仕切り
- 下地合板 t=5.5
- 緩衝材 t=65
- モルタル t=30
- 砂
- 際根太合板 t=12、w=40
- 設備配管
- 300, 83, 200

原因
1. モルタルとの伸縮差により剥離した。
2. 冷暖房による温度変化も原因と考えられる。
3. フローリング材の室内温度によって、吸湿・乾燥を繰り返し、伸縮したことにより剥離した。
4. 設備配管の振動に伴い、砂が沈んでモルタルにクラックが生じた。

処置
剥離したフローリングを剥がし、下地モルタルを取り除いて不具合部は砂を密実に敷き込んだ上で再度モルタルを打ち、乾燥程度を確認した後に、エポキシ樹脂系接着剤（JIS A 5536）を用いてフローリングを張り直した。

対策

1. **仕上材料の管理**
   現場施工中において、床等の仕上材料の保管は、必ず屋内とする。

2. **下地の乾燥具合いの確認**
   張り物、塗装仕上げなどの下地は、十分乾燥させる。
   モルタルなど、湿式による下地は夏期で2～3週間以上、冬期で3～4週間以上放置して乾燥させる。

3. **接着剤**
   接着剤は、仕上材および下地によって、使用量と材質が異なるので注意すること。

   > 接着剤は、一回に広範囲を塗らず、施工に適した面積（2～3m²）に均一に塗布する。

   いずれも乾燥程度の確認および可使時間に注意する。

4. **内装仕上げの剥離が最も起こりやすい箇所**
   壁・柱際・階段などの仕上材張りは、剥離の不具合が生じやすい箇所なので入念に行う。

5. **直張りフローリング床の納まり例**

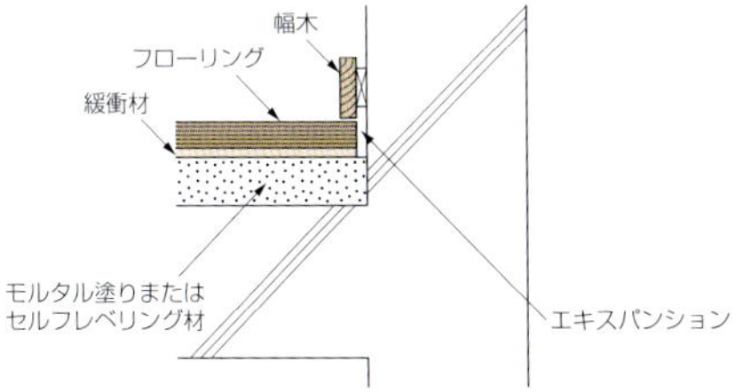

   一般的な幅木との取合い

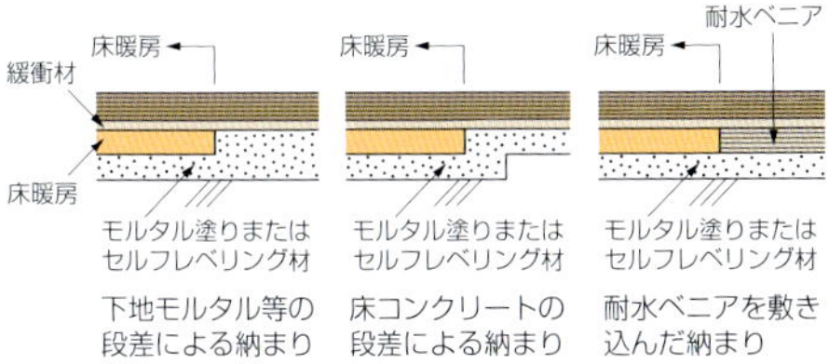

   床暖房周囲（居間）の下地の納まり例
   - 下地モルタル等の段差による納まり
   - 床コンクリートの段差による納まり
   - 耐水ベニアを敷き込んだ納まり

チェック
対策1 ☞ ケース46
対策2 ☞ ケース15／ケース50
対策3 ☞ ケース42／ケース46
対策4 ☞ ケース41
対策5 ☞ ケース27／ケース41

品質管理のポイント

☞ 下地コンクリート・モルタルは十分に乾燥させ、水分計で含水率を計測すること。
☞ フローリング材は、伸縮を考慮した材料を使用すること。
☞ 壁側幅木との納まりは、伸縮を考慮してすき間をとる。
☞ 二重床にするなど防湿の対策を講じること。

剥離・剥落対策−内装材料

③ 接着剤張り工法によるタイルの剥離

ケース29 接着剤張り工法によるトイレのタイルが剥離した！

入隅には伸縮目地を入れる

現象
竣工後6年になるRC造7階建事務所ビルのトイレにおいて、下地モルタルが金鏝押さえであった接着剤張りのタイルが、剥離と剥落を起こした（写真①②）。

原因
1. モルタルとタイルの伸縮差により剥離した。
2. 目地幅の寸法不足により剥離した。
3. 接着力の不足により剥離した。
4. 出入口扉の開閉による振動によって剥離した。

処置
浮いたタイルをすべて取り除き、再度モルタル下地をつくり乾燥状態を確認した上で、有機質接着剤（櫛目鏝を用いて、塗り厚3mm程度、塗り付け量1.0〜1.5kg/m²程度）を押さえ付けるように入念に塗り付けてタイルを張り直した。また、入隅には伸縮目地を設置した（写真②）。

対策

1. **壁タイル接着剤張り工法**
   有機質接着剤を下地面に塗り、これにタイルまたはユニットタイルをもみ込み、たたき押さえにして張る工法(下図参照)。

2. **接着剤張り工法の施工上の注意点**
   ①接着剤の1回の塗付け面積は、3m²以内とすること。
   ②接着剤は、指定の櫛目鏝を用いて、塗り厚3mm程度、塗付け量は1.0～1.5kg/m²程度になるよう、押さえ付けるように入念に塗り付ける。
   ③乾燥硬化型の接着剤を用いる場合は、オープンタイム(張合わせ可能時間)に留意する。また、反応硬化型の接着剤を用いる場合は、可使時間に注意する。

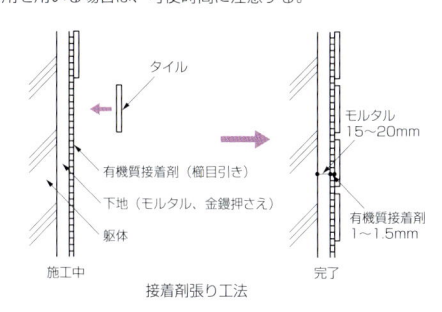

```
        タイル
                                   モルタル
                                   15～20mm
   有機質接着剤(櫛目引き)
   下地(モルタル、金鏝押さえ)         有機質接着剤
   躯体                              1～1.5mm
   施工中            完了
           接着剤張り工法
```

接着剤の種類と使用環境との組合せ

使用環境	接着剤の種類	タイプⅠ	タイプⅡ	タイプⅢ
長期、水および温水の影響がある		○	−	−
間欠的に水および温水の影響がある		○	○	−
水および温水の影響がない		○	○	○

品質管理のポイント

☞ 下地モルタルは粗面とし、タイル張り後に目地仕上げを行う。
☞ 耐水性の接着剤(エポキシ変成ラテックスまたはエポキシ樹脂系)を使用する。
☞ 出入口枠、アルミサッシ枠との取合い、入隅などには伸縮目地を設け、弾性シーリング材を充填する。

剥離・剥落対策－内装材料

❹ LGS下地とGL下地の取合い部の亀裂

ケース30 LGS下地とGL下地の取合い部に亀裂が入った！

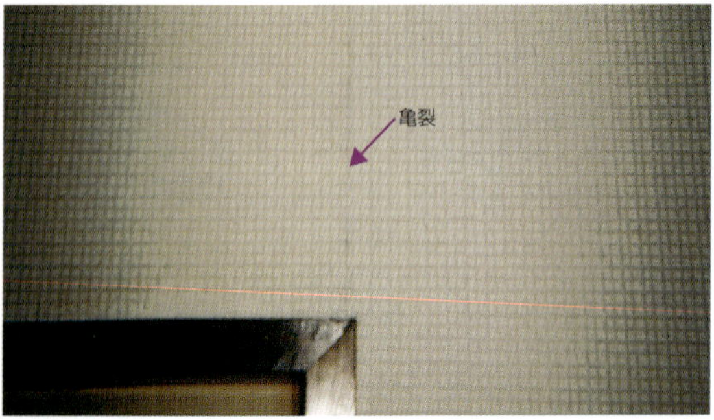

現象 竣工後5年のRC造7階建集合住宅で、5階西側住戸において、柱部分の石膏ボードと間仕切り石膏ボードの突合せ部に亀裂が入り、クロスが破断した。

原因 コンクリート柱（GL工法）とLGS壁の異種下地による挙動の違いから、ボードのジョイント部に伸びやずれが生じてひび割れが発生した。

処置 居住者が住みながらの補修工事であったため、家具等を移動した後に、不具合箇所の取合い部分を幅広の丸鋸で切り、目地を設けて、ジョイント部分はビニルクロスを目地内に巻き込むように納めて張り替えた。

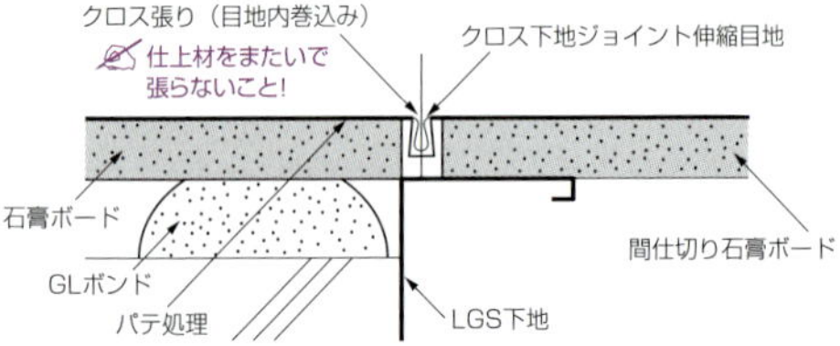

柱部分の石膏ボードと間仕切り石膏ボードの突合せ部の納まり

対策

1. 主要建築材料の熱膨張係数と乾燥収縮率

建築材料は、温度変化や含水率変化によって伸縮し、これらの度合いは、それぞれ熱膨張係数、乾燥収縮率などによって決まる。

熱膨張係数

材料	熱膨張係数 $\times 10^{-5}$	1m当たり温度差70℃での伸幅量 (mm)
普通コンクリート	1.1	0.77
軽量コンクリート	1.1	0.77
ALC板	0.7	0.49
花こう岩（北木）	0.53	0.37
大理石（トラバーチン系）	0.56	0.39
タイル		
磁器	0.25～0.53	0.18～0.37
炻器	0.25～0.56	0.18～0.39
陶器	0.52～0.78	0.36～0.55
れんが	0.56	0.39
ガラス	0.9	0.63
硬質塩化ビニール（雨桶、パイプ）	7	4.9
アクリライト	7	4.9
強化プラスチック	2.0～3.0	1.4～2.1
鋼材	1.2	0.84
ステンレス	1.6	1.1
アルミニウム	2.4	1.7
銅	1.7	1.2
鉛	2.9	2.0
木材（繊維に平行）	0.3～0.5	0.21～0.35
（繊維に垂直）	3.5～6.0	2.5～4.2

乾燥収縮率

材料	乾燥収縮率 $\times 10^{-4}$
普通コンクリート	5～8
軽量コンクリート	5～8
モルタル	14～16
石膏プラスター	0
ALC板*1	
シポレックス	2.5
ヘーベル	1
イトン	2
コンクリートブロック*1	6.1
タイル*1	
磁器	0～0.1
半磁器	1～2

*1) 飽水状態から気乾状態まで

ボード類の乾湿に伴う伸縮率
($\times 10^{-4}$)（20℃下で湿度35%から95%まで）

材料	長さ、幅方向
プラスターボード	2.5
大平板	13
フレキシブル板	8
パーティクルボード	23
ハードボード	24
合板	11
インシュレーションボード*2	15
木毛セメント板*2	8

*2) 20℃下で湿度60%から80%まで

木材の乾燥収縮率（$\times 10^{-4}$）

樹種	接線方向	半径方向	軸方向
スギ	25	10	1.2
ヒノキ	23	12	1.15
アカマツ	29	18	1.5

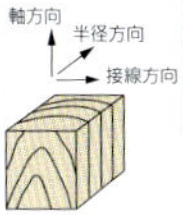

2. 異種下地の取合い部

異種下地の取合い部には、必ず下地層から仕上面まで同一のところに目地を設け、仕上材をまたいで張らないこと（68ページ「処置」参照）。

チェック
対策1 ☞ ケース18 ケース28
対策2 ☞ ケース28

品質管理のポイント

☞ 建築材料は、熱膨張係数、乾燥収縮率を考慮の上使用すること。
☞ 異種下地の仕上げは、下地層から仕上面まで同一のところに目地を設け、仕上材をまたいで張らないこと。

剥離・剥落対策—内装材料

⑤ 鉄骨梁型の耐火被覆材の剥離・剥落

ケース31 鉄骨梁型の耐火被覆材が剥落した！

現象　施工中のS造6階建ALC板張り事務所ビルで、3階梁型部分の湿式工法による耐火被覆材が剥落した。

原因
1. 鉄骨材の錆止め塗料に適切なものが使用されていなかった。
2. 梁下端のフランジ面に鉄網ラスが入っていなかった。
3. 鋼材吹付け面が汚れていた。
4. 吹付け後に何らかの振動・衝撃を与えた。

処置　落下した部分を大きめに取り除き、鉄骨表面をスクレーパー、ワイヤブラシ、溶剤ふき、サンダー掛けなどで清掃し、リブラスで補強をした後、再度耐火被覆材を吹き付けた。
吹付けは、落下防止を考慮して必要に応じて下吹きと上吹きの2回吹きとし、一般には下吹きの翌日に上吹きをする。下吹きの最大吹付け厚さは15〜20mm以内とする。また、硬化後における梁下端フランジ面の剥離を防止するため、梁下端フランジを包み込むように吹き付ける。リブラスを入れることも剥離防止につながる（下図参照）。

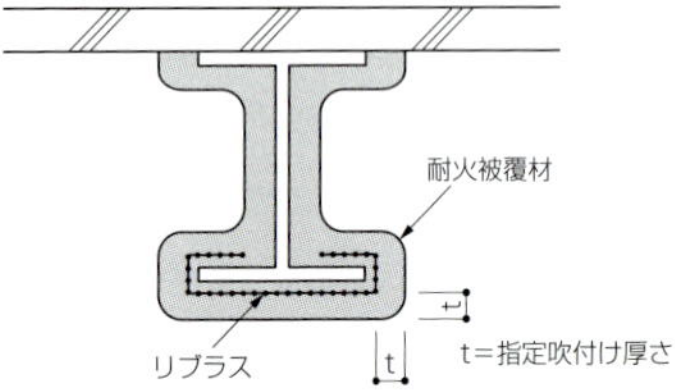

フランジ下面の剥落防止方法（例）

1. 鉄骨の錆止め塗装と耐火被覆材の付着性変化

鉄骨に錆止め塗装が必要な場合には、実験により下図のようなデータが得られており、JIS K 5622鉛丹錆止めペイント2種を塗布した場合は、無塗装より大きな付着強さが得られる。また、半乾式吹付けロックウールの場合には、JIS K 5622 1種が適している。

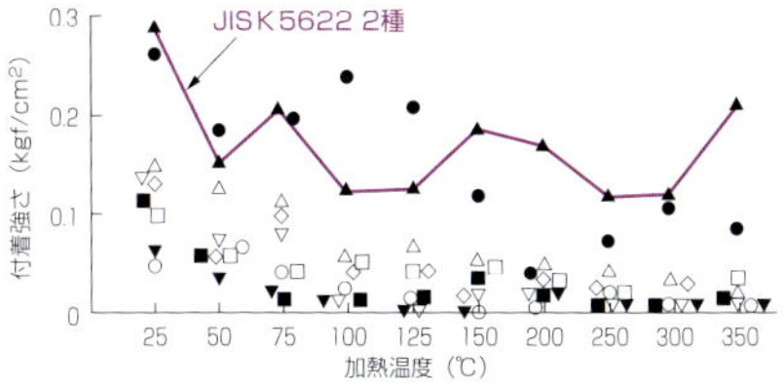

湿式吹付けロックウールの付着性（▲）[18]

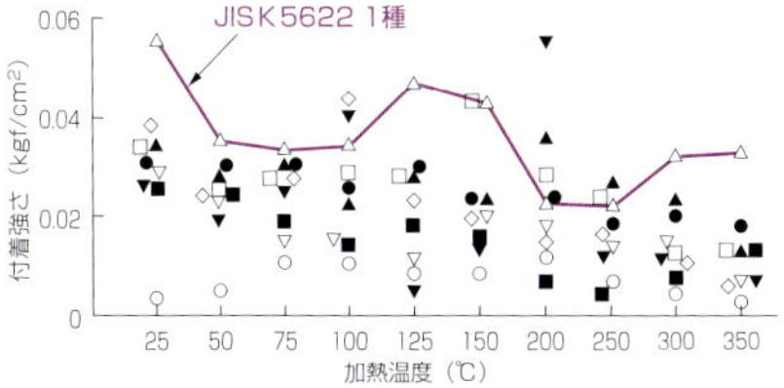

半乾式吹付けロックウールの付着性（△）[18]

加熱による耐火被覆材の付着性変化[18]

記号	錆止めペイントの種類	
○	一般用錆止めペイント	JIS K 5621 1種
△	鉛丹錆止めペイント	JIS K 5622 1種
▲	鉛丹錆止めペイント	JIS K 5622 2種
□	亜酸化鉛錆止めペイント	JIS K 5623 1種
■	亜酸化鉛錆止めペイント	JIS K 5623 2種
▽	シアナミド鉛錆止めペイント	JIS K 5625 1種
▼	シアナミド鉛錆止めペイント	JIS K 5625 2種
◇	フェノール変成アルキド錆止めペイント	
●	無塗装	

品質管理のポイント

- 漏水のないよう、ALC板の目地詰めシーリングを確実に施すこと。
- 耐火被覆材吹付け面の清掃とプライマー処理を確実に行うこと。
- 耐火被覆材吹付け後4日以上の養生期間をとり、付着強度を高めること。また、吹付け直後は振動を与えるような他の工事は実施しない。
- 耐火被覆材吹付け完了後は、湿気を吸収しないように養生を行うこと。

5章 沈下・浮き上がり対策

① 浮力による建物の浮き上がり

ケース32 降雨による浮力で建物が浮いた！

点線部分は雨水の浸透によりピットが浮いた範囲で、最大で900mm浮き上がった

機械式駐車場

現象
竣工後1年のRC造13階建集合住宅の屋外機械式駐車場ピットが、台風による大雨の後、最大で900mm浮き上がった（写真）。施工時の山留め壁は親杭（H鋼）横矢板で、施工完了時にはH鋼は引き抜いてあった。

原因
現場は、もともと地盤の透水性が悪く、H鋼を引き抜いた孔の中を、砂等の浸透性の良い材料で埋め戻したため、台風による集中豪雨の水が、引抜き孔からピットの下に回り込み、ピットの回りだけ急激に水位が上昇して浮力が生じ、躯体が持ち上がったと考えられる。

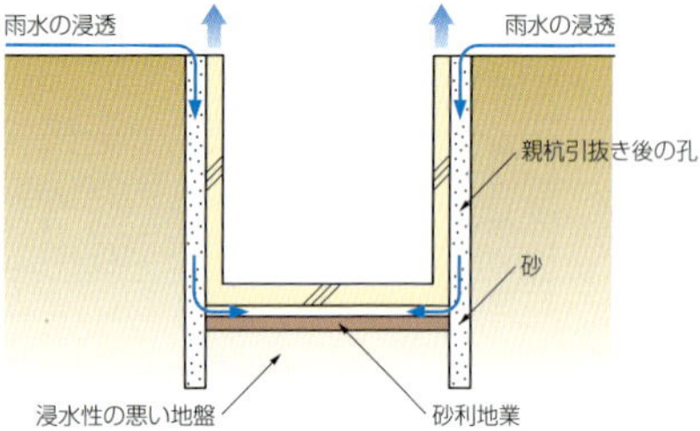

雨水の浸透　　　雨水の浸透
親杭引抜き後の孔
砂
浸水性の悪い地盤　　砂利地業

駐車場ピット浮き上がり状況

処置
1. 山留め壁（親杭横矢板）を躯体周囲に再施工し、掘削を行った。この時点で、躯体はかなり沈下した。
2. 躯体際に親杭を打設し、これを反力としてジャッキでレベル調整をした。その後、支持金物で固定。
3. 躯体底盤下は、モルタルを注入してレベル合せを行った。
4. 躯体周囲の埋戻しを行った。

対策

1. **浮力の検討**
   地下水位が高い、直接基礎、形状が箱型（浄化槽、オイルタンク、防火水槽等）の場合は、浮力を検討する。
2. **浮き上がり防止策**
   浮き上がり防止策としては、以下の方法が考えられる。
   ①地下躯体重量を浮力以上にする。
   ②耐圧版を地下躯体周囲にはね出し、耐圧版にかかる戻し土の重量で、浮き上がりを防止する。
   ③山留め壁がある場合は、山留め壁芯材を引抜き抵抗杭として利用する。
   ④ディープウェル使用時は、躯体重量が浮力よりも大きくなったことを計算で確認してから停止する。

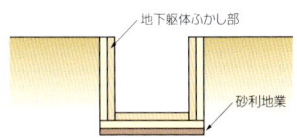

①地下躯体重量を浮力以上にする方法

②耐圧版を地下躯体周囲にはね出す方法

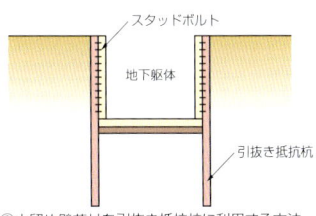

③山留め壁芯材を引抜き抵抗杭に利用する方法

チェック
対策2
ケース33

品質管理のポイント

☞ 地下水位が高い、直接基礎、形状が箱型、高透水性の埋戻し材の使用の場合は、浮力の検討を行うこと。
☞ ディープウェルの停止は、躯体重量＞浮力を確認してから行うこと。
☞ 浮き上がり防止策は、①躯体重量を浮力より大きくする、②山留め壁や地盤アンカーを引抜き抵抗杭として利用する、③耐圧版を躯体周囲からはね出す方法で検討すること。

沈下・浮き上がり対策

❷ 土間コンクリートの沈下

ケース33 埋戻し不良が原因で土間コンクリートが沈下した！

| 現象 | 竣工後6年のS造3階建工場で土間スラブの不同沈下が進み、調査したところ、スラブ下面に平均30mm、最大80mmのすき間が生じ、コンクリート打ち継ぎ部（無筋）に最大20mmの段差が生じる沈下が見られた。 |

| 原因 | 梅雨時に、多量に水を含んでいた粘性の現場発生土を、そのまま一度に埋め戻したため、埋戻し土が十分に締め固められず、圧密沈下を起こしたものと考えられる。 |

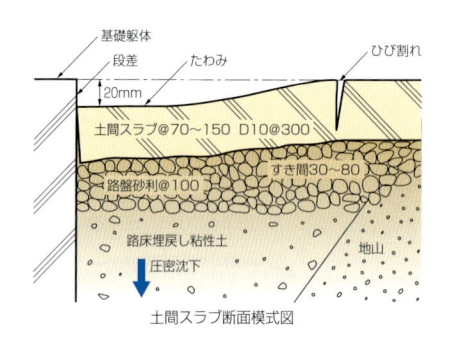

土間スラブ断面模式図

（基礎躯体／段差20mm／たわみ／ひび割れ／土間スラブ@70〜150 D10@300／すき間30〜80／路盤砂利@100／路床埋戻し粘性土／圧密沈下／地山）

| 処置 | 1. 土間スラブ下すき間に、アルミ粉末混入モルタル（膨張モルタル）をグラウトした。
2. 土間スラブひび割れにエポキシ樹脂を注入した。 |

対策

1. **掘削の範囲**
   埋戻しでは、地山と同じ強度を得るのは困難であり、掘削範囲は躯体施工可能な最小限とする。
2. **地山の土質**
   軟弱土の場合は、表層1m（重量物が載らない場合は50cm）を良質土に置換する。
3. **埋戻し土の土質**
   砂質土（山砂が最適、粒子が均一な海砂は不適）か、切込み砂利とする。やむを得ず粘性土、シルト、腐植土を用いる場合は、地盤改良材（生石灰等）と混合して用いる。
4. **締固め方法**
   ①転圧
   ・一度に埋め戻す厚さは一般部が30cm、躯体・基礎回りは20cm以内とし、転圧機械は土質・規模に合ったものを用いる（振動ローラー、振動コンパクター等）。
   ・土は適度な含水比の時によく締まるので、降雨後等の含水比が高い場合は、こね返されるだけで締め固められないので、含水比が下がるまで静置する（セメントと混合すると有効な場合もある）。
   ・埋戻し土は、その日のうちに締め固める。
   ②水締め
   透水性が良く水位が低い地山では、透水性が良い砂質土での埋戻しは有効。さらに衝撃式転圧機械を併用すると効果的である。
5. **天端精度**
   埋戻し天端レベルの精度は、地盤係数・土間スラブ強度に影響を与えるので、基準を定め管理する。
6. **あごを設けて支持した場合の効果**
   ①外構などの土間コンクリートを沈下になじませる。
   ②基礎躯体際を埋め戻した後の沈下に伴う影響がない。

チェック
対策1 ☞ ケース34
対策3 ☞ ケース34
対策4 ☞ ケース34

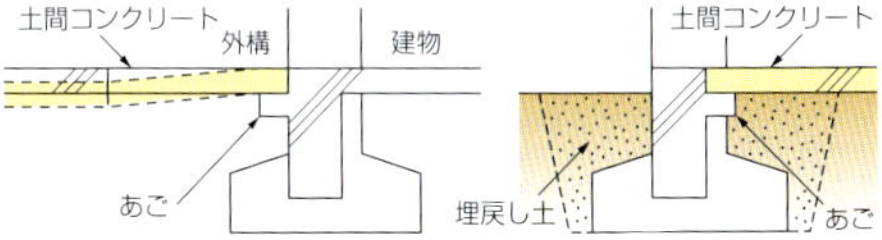

あごを設けた支持

品質管理のポイント

☞ 掘削範囲は、躯体施工可能な最小限とすること。
☞ 地山が軟弱土の場合は、表層を良質土に置換すること。
☞ 埋戻しは砂質土（山砂が最適）か、切込み砂利を使用すること。
☞ 一度に埋め戻す厚さは、一般部が30cm、躯体・基礎回りは20cm以内とすること。
☞ 敷き均した土は、原則としてその日のうちに十分敷き固めること。

沈下・浮き上がり対策

③ 土間埋設配管の破損

ケース34 埋戻し不良により埋設配管が破損した！

現象
竣工後2年のRC造6階建事務所ビルで、給水使用量が普段の使用量の2.5倍であることが水道局の検針でわかり、調査したところ、土間下に埋設した給水管が、地盤とともに沈下し破断していた。また、汚水管も脱落・破損して正常に流れない状態であった。

原因
施工計画時に地盤沈下を想定していたにもかかわらず、管材が塩ビ製で、かつ支持間隔が大きかったため、沈下時の土圧により破損したと考えられる。

処置
1. スラブ下の土を取り除き、ピット方式にした。
2. スラブに点検口（600×600化粧蓋とも）を新設した。
3. 既設給水管・汚水管・雑排水管を撤去し、新設配管とした。
4. 配管支持間隔は、設計者・工事監理者と協議の上で施工要領書を作成し、これに従って施工した（吊り金物はステンレス製とした）。

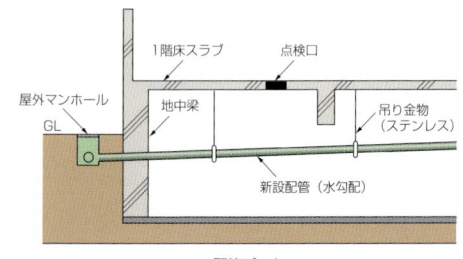

配管ピット図（1階床スラブ、点検口、屋外マンホール、GL、地中梁、吊り金物（ステンレス）、新設配管（水勾配）、配管ピット）

対策

1. **計画**
   ①地盤の沈下が予想される地域では、土間埋設配管を行わない計画とする。
   ②埋め戻し締め固め後、配管埋設のため再び掘り返すと、配管破損防止のため、埋戻し土を十分に転圧しない可能性があるので、配管は極力ピット方式とする。
   ③原則として、土間には排水以外の用途の配管を埋設してはならない。

2. **やむを得ず土間埋設配管とする場合**
   ①吊りボルトのピッチ（VP管の場合）は、地上配管のピッチと異なり、配管径、埋設深さによって決まるので、下表を参考に施工する。また、器具との接続部近くの枝管には、必ず支持をとる。

吊りボルトの支持間隔 (mm)

呼び径＼深さ	200	300	400	500	600	700	800	900	1,000	1,100	1,200
20											
25	400					該当外					
32	600										
40	800	600									
50	1,000	800	600								
65	1,200	1,000	800	600							
80			1,000					800		600	
100	1,500		1,200					1,000	800		
125								1,200		1,000	
150	2,000								1,500		1,200
200											

②吊りボルトの材質は腐食を考慮し、ステンレス製とする。溶融亜鉛メッキ製は腐食するため使用を避ける。
③埋戻しは、配管の水圧試験・塗装被覆などが完了した後に行う。埋戻し土は、透水性の良い水締めの効く砂質土を用いる。建設発生土（掘削土）を埋戻し土として再利用する時は、良質土とする。

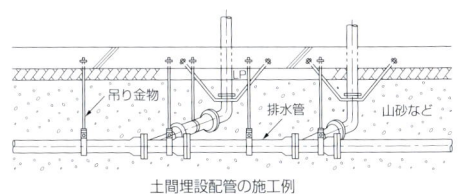

チェック
対策1
ケース32
ケース33

土間埋設配管の施工例

品質管理のポイント

☞ 地盤の沈下が予想される地域では、土間埋設配管を行わないこと。
☞ 吊りボルトの材質は、腐食を考慮し、ステンレス製とすること。
☞ 建物内配管と外部配管の継手は、沈下量に合わせた対策をとること。

伸縮継手またはやりとりソケット継手

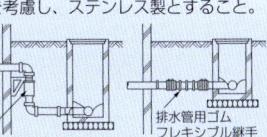

排水管用ゴムフレキシブル継手

沈下・浮き上がり対策

④ エキスパンションジョイント金物の破損

ケース35 基礎形式の相違でエキスパンションジョイント金物が破損した!

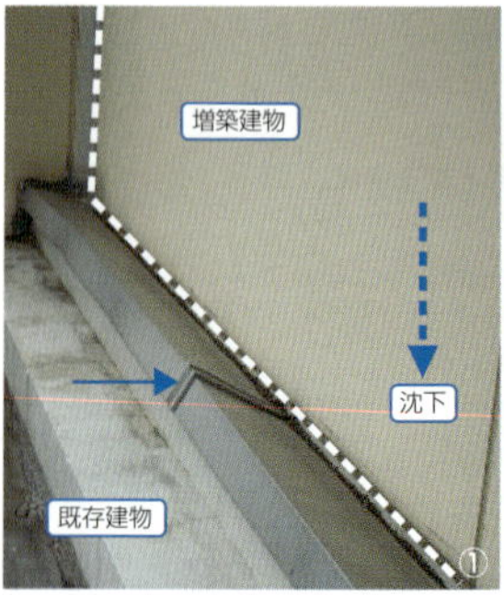

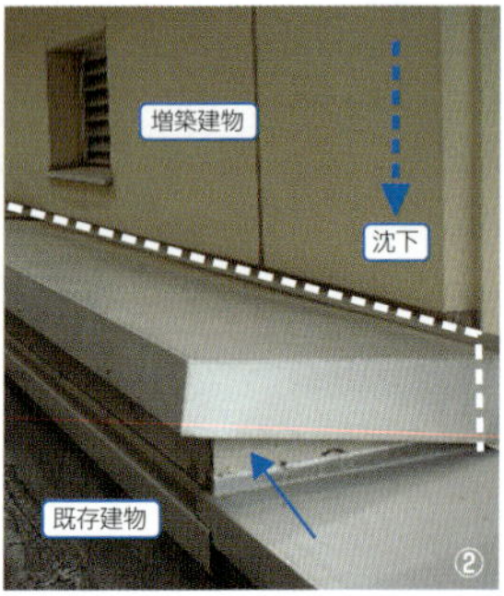

現象
竣工後2年のRC造4階建事務所ビルで、既存建物と増築建物に設けたエキスパンションジョイント金物が変形した(写真①②→印)。

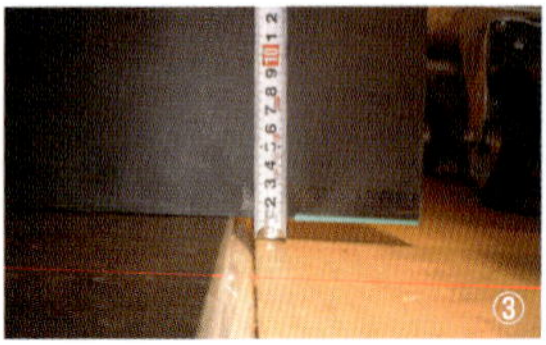

基礎形式の相違による沈下量の差によってできた増築部(直接基礎)の床段差

原因
増築建物の基礎形式(直接基礎)が既存建物の基礎形式(杭基礎)と違うことによって、増築建物の沈下量がエキスパンションジョイント金物の許容範囲を超えた(このケースでは、増築建物の圧密沈下が要因と考えられる)。

処置
1. 建物沈下で逆勾配となったエキスパンションジョイント金物のカバーを取り外し、エキスパンションジョイント金物の内部を点検・修理した。
2. 増築建物の外壁コンクリートにカッターを入れた後、溝はつりとした。
3. エキスパンションジョイント金物のカバーを、正規の勾配が確保できる位置に再度取り付けた。
4. エキスパンションジョイント金物のカバーと、外壁コンクリートの取合い部分をシーリング処理した。

対策

1. **土質柱状図と杭・基礎との照合**
   ① 沈下防止のため、軟弱層を15m以上貫通する杭基礎の場合は、ネガティブフリクション（杭に生じる下向きの摩擦力）対策を行う。対策としては、以下の方法がある。
   - 群杭形式の鋼管杭とし、杭の先端を閉鎖型、表面にアスファルト系のライニングをする。
   - 地中梁の剛性を高くする。
   - フローティング基礎工法を採用する。

   ② 許容支持力が適切であるか、支持層が5m以上あるかなど、複数のボーリング調査により確認する。

2. **建物支持工法の確認**
   ① 同一建物で支持杭と摩擦杭、杭と直接基礎など異種基礎の併用は、構造計算によって安全が確かめられた場合を除き原則禁止。特に付属建屋、外部階段、増築建物には注意が必要。なお、異種基礎の併用とは、以下の場合を指す。
   - 杭あるいはケーソン基礎と直接基礎との併用。
   - 土質、あるいは地層の厚さに違いのある異質の地盤で支持する基礎。
   - 支持杭と摩擦杭の併用。
   - 同じ基礎であっても、杭の材料あるいは施工方法に違いのある杭の併用。

   注）直接基礎である独立基礎、布基礎、べた基礎のそれぞれの併用は、異種基礎の併用に該当しない。

   ② 埋立地での直接基礎は、杭基礎に変更するか、地盤改良などの有効な処置を行う。

チェック
対策2
ケース33
ケース34

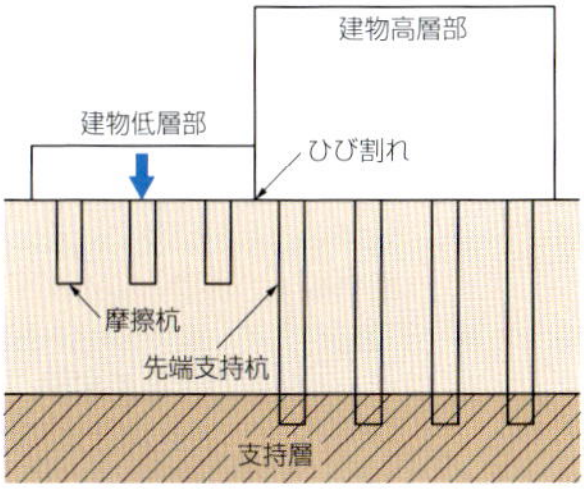

異種基礎の併用
（悪い例）

品質管理のポイント

- 軟弱層では、ネガティブフリクションを考慮すること。
- 許容支持力が適切か、複数のボーリング調査で確認すること。
- 異種基礎（上記「対策2」参照）の併用は、極力避けること。
- 特に付属建屋、外部階段、増築建物の基礎形式には注意すること。
- 埋立地での直接基礎は、杭基礎に変更するか、地盤改良などの有効な処置を行うこと。

6章 結露対策

1 断熱材の施工範囲の不備による結露

ケース36 集合住宅の居室の床・天井に結露が発生した！

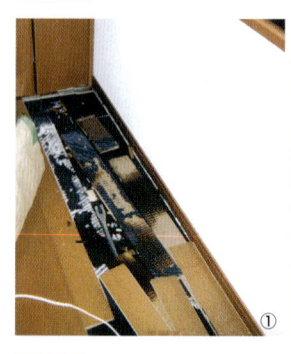

現象
写真①：竣工後1年目の冬期、RC造11階建集合住宅の2階北側洋室の床が結露で変色したので、張替えるためにフローリング材を剥がした。
写真②：竣工後1年目の冬期、RC造9階建集合住宅の屋上階パラペット（セットバック部）下部の洋室・天井クロス面にカビが発生した（○印）。

原因
写真①：下階は駐車場で、スラブの下面はスタイロフォーム t=30、外壁面は発泡ウレタン t=25を吹き付けているが、外壁取合い下階の大梁と廊下スラブには断熱処理はなく、ヒートロス*により結露が発生した（81ページ「対策1」参照）。
写真②：屋上の外断熱防水と内断熱の取合い部分において、断熱補強の折返し長さが不足（右図）していたためヒートブリッジになり、冬期結露により天井クロス面にカビが発生した。

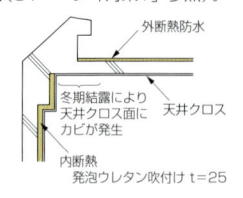

処置
写真①：駐車場・駐輪場の天井を剥がし、居室の床面の外気に接する下階（駐車場）の大梁下面と側面、廊下床下に断熱材として発泡ウレタン t=25を吹き付け、天井を再施工した（81ページ「対策1」参照）。
写真②：断熱不足部分にS1ボードを後張りし、仕上げはクロス張りとした（81ページ「対策2」左図参照）。

対策

1. 外気に面した柱・梁・間仕切り壁の断熱

外気に面した柱や梁の内側は、外壁と同様に断熱材を施工する。また、断熱補強は所定の厚さと折返し長さを確保する。

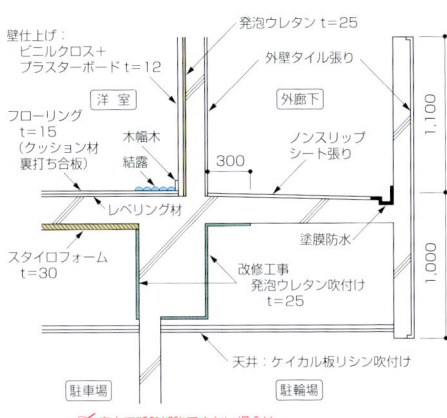

図中ラベル:
- 壁仕上げ：ビニルクロス＋プラスターボード t=12
- 発泡ウレタン t=25
- 外壁タイル張り
- フローリング t=15（クッション材裏打ち合板）
- 洋室
- 木幅木
- 結露
- 外廊下
- ノンスリップシート張り
- 300
- 1,100
- レベリング材
- 塗膜防水
- スタイロフォーム t=30
- 改修工事 発泡ウレタン吹付け t=25
- 1,000
- 天井：ケイカル板リシン吹付け
- 駐車場
- 駐輪場

✍ 床上で断熱補強できない場合は、ヒートブリッジを生じさせない範囲を断熱する。

ピロティ部上階の断熱補強

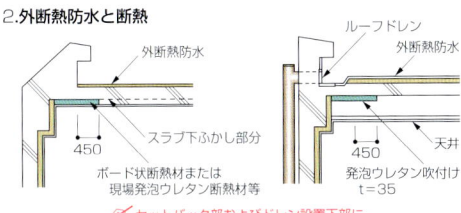

2. 外断熱防水と断熱

図中ラベル:
- 外断熱防水
- ルーフドレン
- 外断熱防水
- スラブ下ふかし部分
- 450
- 天井
- ボード状断熱材または現場発泡ウレタン断熱材等
- 450
- 発泡ウレタン吹付け t=35

チェック
対策1 ☞
ケース37
ケース38
ケース50

✍ セットバック部およびドレン設置下部にヒートブリッジが生じやすい。

屋根スラブの断熱補強

＊）ヒートロス：むだに逃げてしまう熱。

品質管理のポイント

☞ 外気に面した柱・梁・間仕切り壁などの隅角部は断熱すること。床上での断熱や（83ページ「対策1」参照）、床と外壁の取合い部の断熱補強では、段差を設けて断熱モルタルなどの使用を検討する。

☞ 設計図書に断熱補強の記述がない場合、設計者に確認するとともに、結露が予想される部分には、断熱材を施工してから仕上げを行うこと。

結露対策

❷ 断熱材の厚さ不足による結露

ケース37 集合住宅の押入内で結露が発生した！

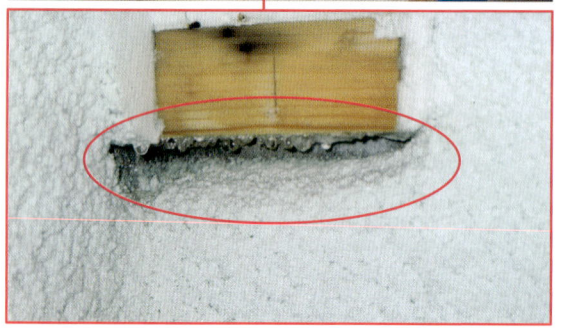

現象	竣工後1年目の冬期、集合住宅の北側外壁に面した押入内で、木下地パッキン下の断熱材（発泡ウレタン）の欠損により、パッキン下端がヒートブリッジ*となって結露し（写真下○印）、この結露水が木下地を伝わり仕上材の合板を濡らした。

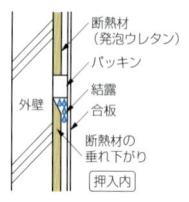

断熱材（発泡ウレタン）
パッキン
外壁　結露
合板
断熱材の垂れ下がり
押入内

原因	1.現場発泡ウレタンの硬化不良により、垂れ下がりを生じた。 2.木下地の組立て前に、断熱材の不良箇所の補修を行わなかった。 3.現場発泡ウレタンの吹き厚不足。

処置	仕上材を剥がし数日間除湿機で乾燥後、壁の現場発泡ウレタンを増し吹きするとともに、スラブ上にも断熱補強し（83ページ「対策1」参照）、押入内部を再仕上げした。

対策

1. 外壁に面した押入の施工
①押入に通気用のすき間や換気孔を設ける。
②押入の天井・床下も断熱を行う。

断熱材 / 天井 / 換気孔 / すのこ / 換気孔 / 床面

🔖 北側外壁に面した押入・収納は、スラブ上にも断熱補強を行い、床を仕上げる。

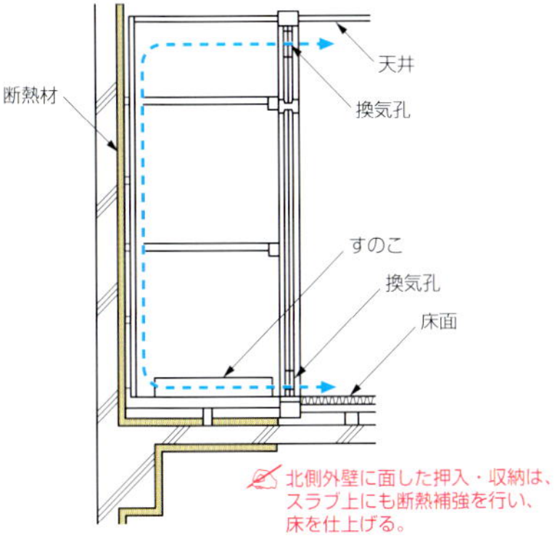

押入の結露対策例

2. 低温下での発泡ウレタンの施工
①硬化不良を起こさないよう、冬期間(低温下)の発泡ウレタンの施工は十分に注意する(発泡度の調整等)。
②躯体表面温度が5度以上で施工する。あるいは、躯体表面を暖める等の措置を行って施工する。

3. 発泡ウレタンの吹付け
厚さの確認
施工後の吹付け厚さのチェックは必ず行う。
不良箇所がある場合は、直ちに補修する(右図参照)。

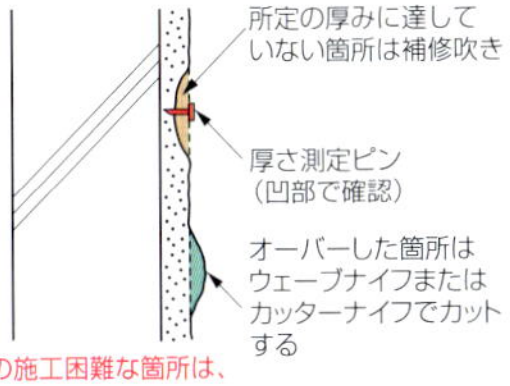

所定の厚みに達していない箇所は補修吹き / 厚さ測定ピン(凹部で確認) / オーバーした箇所はウェーブナイフまたはカッターナイフでカット

チェック
対策2 ☞
ケース36
ケース38
ケース50
対策3 ☞
ケース36
ケース38
ケース50

🔖 パッキン回り・壁の下部等の施工困難な箇所は、重点的に管理する。

吹付け厚さのチェック

*)ヒートブリッジ:熱橋ともいう。鉄やコンクリートなど、熱を伝えやすい材料が内部と外部でつながって、著しく熱が伝わっていく現象。

品質管理のポイント

☞ 集合住宅の押入は、平面計画で外壁に配置しないようにする。やむを得ない場合は、押入内の換気を促進するように、上下に換気孔を設けてすのこを敷き、天井・床下も断熱を行う。
☞ 結露対策として、居住者には水蒸気発生の抑制、押入内の換気など、住まい方のアドバイスを行う(120~121ページ「付録-結露」を参照)。

結露対策

❸ 断熱材の施工不備による結露

ケース38 サッシの額縁回りが結露し、カビが発生した！

① 木額縁の下枠

②

現象 竣工後2年のRC造7階建集合住宅で、サッシの額縁回りが結露したため（写真①）、その周辺の壁クロスにカビが発生した。

原因 サッシ回りの詰めモルタルと壁断熱用発泡ウレタンの間に空隙があったため（写真②○印）、冬期において、室内での高温の空気がその空隙に侵入し、冷やされて結露を起こした。

処置 サッシ取合い部の空隙に現場発泡ウレタンを注入し、ボードおよび壁クロスの張替えを行って補修した。

対策

1. サッシ回りの断熱

断熱材の連続性が途切れる部分やヒートブリッジとなる位置、結露を起こしやすい部位を詳細図から読み取り、ヒートブリッジ部の低温部位に高温多湿の空気が触れると結露を起こすことを認識し、サッシ回り等への完全な現場発泡ウレタンを注入(断熱)する。

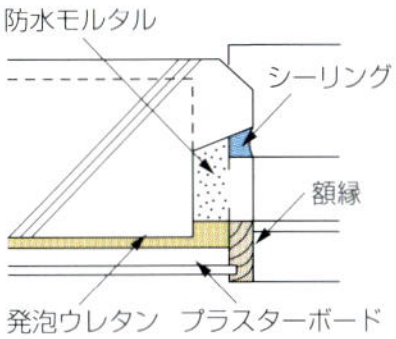

左右の納まり — 防水モルタル、シーリング、額縁、発泡ウレタン、プラスターボード

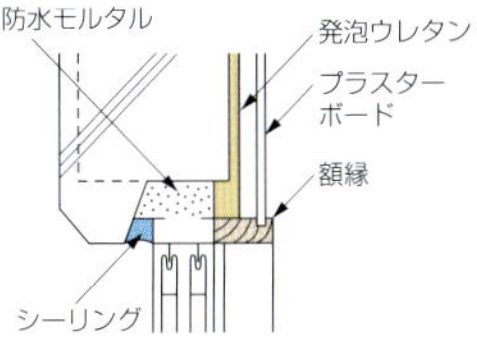

上部の納まり — 防水モルタル、発泡ウレタン、プラスターボード、額縁、シーリング

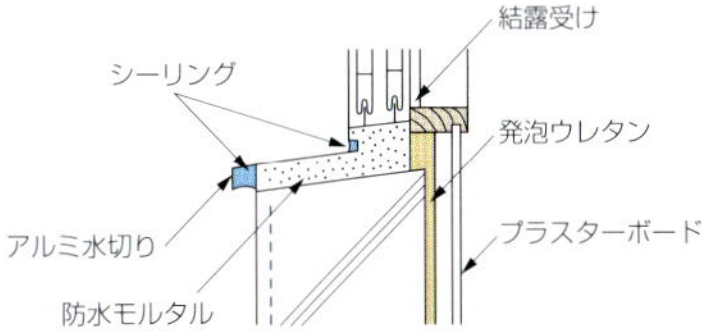

下部の納まり — シーリング、結露受け、発泡ウレタン、アルミ水切り、防水モルタル、プラスターボード

2. 結露を起こしやすい部位

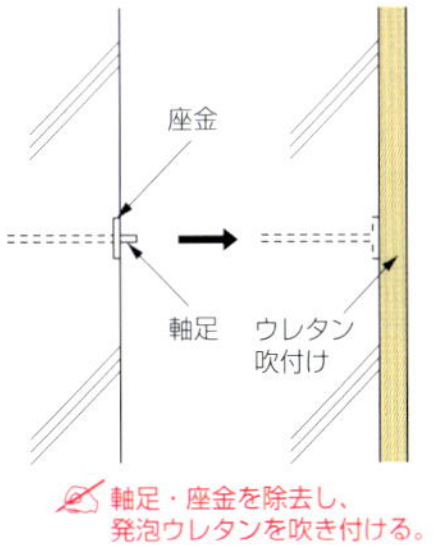

セパレータ — 座金、軸足、ウレタン吹付け
🖋 軸足・座金を除去し、発泡ウレタンを吹き付ける。

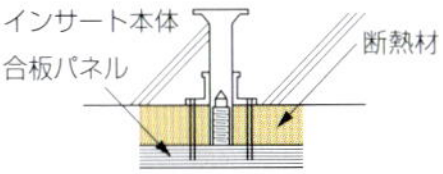

スラブインサート — インサート本体、合板パネル、断熱材
🖋 断熱インサートを使用する。

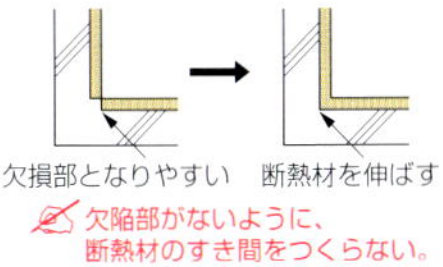

入隅部 — 欠損部となりやすい、断熱材を伸ばす
🖋 欠陥部がないように、断熱材のすき間をつくらない。

チェック
対策1 ☞ ケース50
対策2 ☞ ケース36
ケース37
ケース50

品質管理のポイント

☞ 防水モルタルを詰めた後に、ウレタン吹付けを行う。
☞ 火花の出る作業は、ウレタン吹付け前に完了させる(周辺に可燃物を置かない)。
☞ ウレタンの厚さを確認する(83ページ「対策3」参照)。
☞ 竣工後の結露防止のため、型枠脱型後、最低14日以上乾燥させてから施工する(下地含水率8%以下とする)。

結露対策

❹ 夏型結露

ケース39 地下倉庫の天井スラブに結露が発生した！

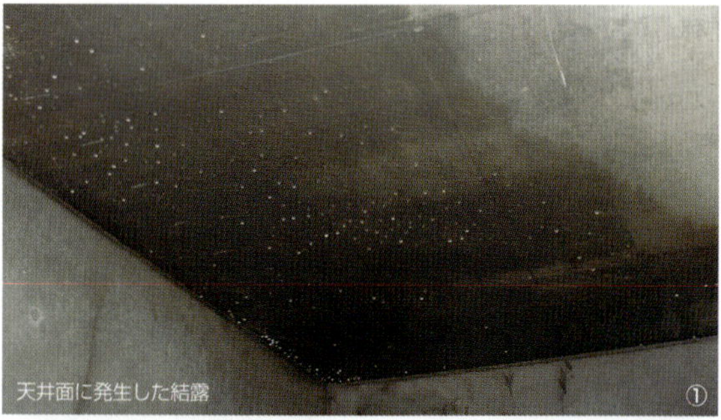

天井面に発生した結露　①

温度測定　② 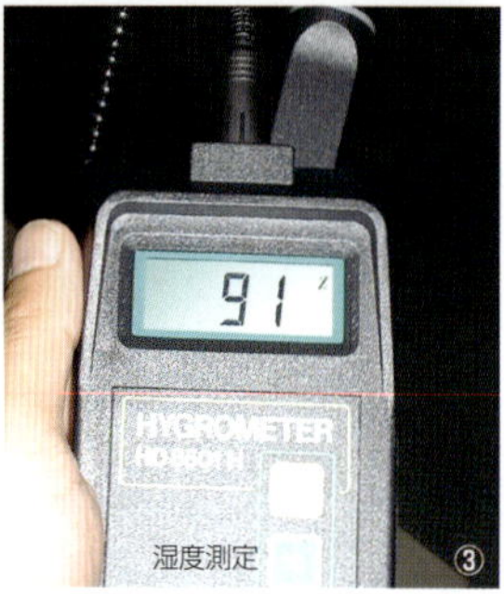　　湿度測定　③

現象　竣工後1年4カ月のRC造10階建事務所ビルの地下倉庫部分天井スラブに、7月の高温多湿時（27℃、85％）に結露が大量発生した（写真①）。地下室の温度・湿度を計測した結果は25.7℃、91％（写真②③）、結露の激しい天井のコンクリートスラブの表面温度は23.9℃であった。

原因　地下室は常時機械換気されており、換気により湿気が流入している。また、1階テナントとしてコンビニエンスストアが入居しているため、冷ケース・冷蔵庫が設置された下部のスラブが冷やされて結露が集中して発生したものと思われる。

処置　今回の結露は、梅雨期から夏期の湿度の高い時期に数日間発生しているため、外気が高温多湿となる時期の換気は、手動に切り換えて、湿気の多い時は換気しないこととした。

対策

1. 地下室の結露対策

地下室など天井・壁・床の表面温度が低くなる部分は、外気の湿度が高い梅雨期と夏期に結露が発生する可能性が高い（夏型結露）。そのため、除湿せずに外気を直接室内に取り込んでしまうと床・壁などの低温部に結露が発生する（下図）。したがって、夏期は室内外を隔てる扉は開放しないことや、空調機を稼動させる（空調機がない場合は除湿機を設置する）等の対策が必要である。

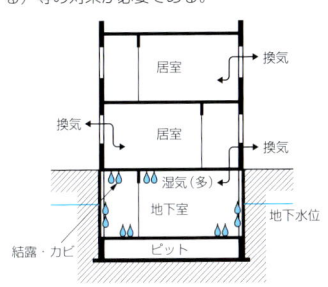

⚠️ 地下室での夏期の換気（外気取入れ）は、結露が生じるので注意！

夏型結露

2. 温度と湿度

空気が抱えることのできる水分量は、温度により大きく変化し、温度が高いほど水蒸気を多く含むことができる（120〜121ページ「付録ー結露」参照）。

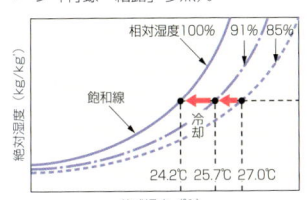

チェック
対策2 ☞
ケース36
ケース37
ケース38

⚠️ 表面温度が24.2℃以下の部分は、結露が発生するので注意！

湿り空気線図

品質管理のポイント

☞ 地下室には、適切な結露対策を講じること。
- 地下躯体の防水は入念に行い、躯体を通して侵入する湿気を完全に抑える。
- 地下躯体は、仕上げ前に十分乾燥させる。
- 地下ピットに接するスラブは、必要に応じて断熱する。また梁・柱がヒートブリッジとなるので、折返し断熱を施す。

7章 遮音・騒音対策

1 遮音の不備による騒音

ケース40 集合住宅界壁の遮音性能低下で苦情が発生した！

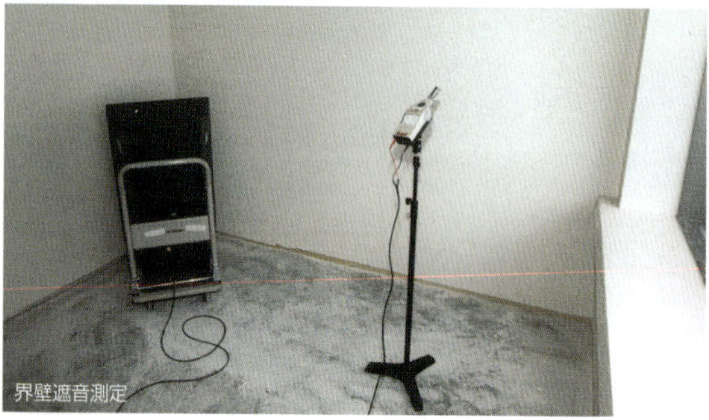

界壁遮音測定

現象 界壁のコンクリート壁に石膏ボードを直張り（GL工法）したRC造集合住宅において、隣家の話し声や物音が聞こえるとの苦情が発生し、遮音性能が低下する現象が生じた。

原因 空気中を伝わる音（空気伝搬音）が壁にぶつかり、その音圧によって石膏ボードが振動する。一方、コンクリート壁も石膏ボードを透過した音の音圧や張付け用接着剤（GLボンド）を伝わってくる振動によって振動する。同様に壁の反対側（隣家）の石膏ボードも振動する。これらの異なる振動が同時に生じ、ある周波数において共振したため、その帯域の遮音性能が低下した。

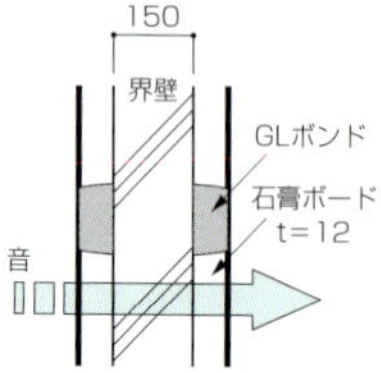

150
界壁
GLボンド
石膏ボード t=12
音
GL工法

処置 ボードを剥がし、軽量鉄骨下地でコンクリート壁から150mm以上離して石膏ボードの壁を設けた。

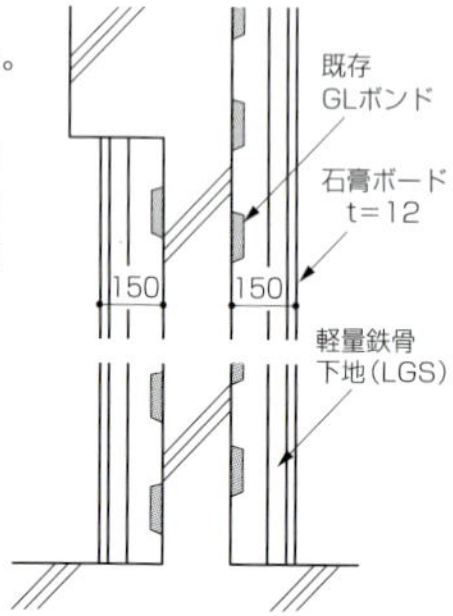

既存GLボンド
石膏ボード t=12
150 150
軽量鉄骨下地（LGS）

乾式工法による処置

対策

1. **集合住宅における遮音対策**

   コンクリート壁などにGL工法による仕上げを行うと、250Hz付近と4kHz付近で大きな遮音欠損が生じ、躯体素面の遮音性能より低下する。原因は、躯体とボードの間の空隙による共鳴透過と、GLボンドによる振動伝達である。
   GL工法は、遮音が必要な部位では使用しないのが望ましく、コンクリート打ち放し、またはモルタル薄塗りの上にクロス直張り仕上げとする。

2. **断熱材を施工した界壁の遮音性能低下**

   戸境壁に断熱材を施工する場合は、S1工法*および断熱型枠打込み工法でも、周波数2kHz付近で遮音性能が低下するので注意すること（電話の電子呼び出し音、電子アラーム音等がよく聞こえる）。

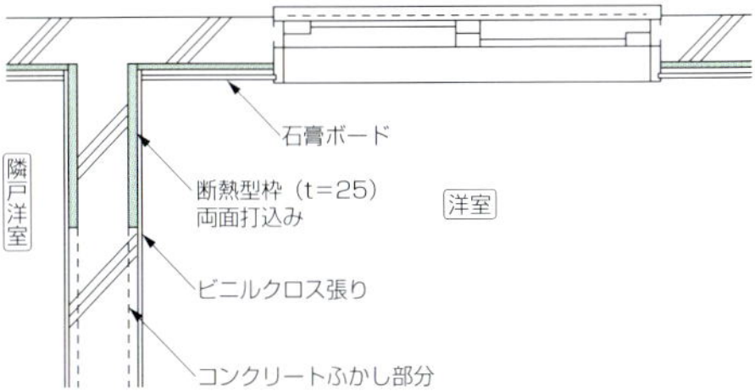

```
                            石膏ボード
隣戸洋室    断熱型枠（t=25）     洋室
           両面打込み
           ビニルクロス張り
           コンクリートふかし部分
```

界壁の折返し断熱部

チェック

対策1
 ケース53
 ケース54
対策2
 ケース53   *）S1工法：ポリウレタンフォーム保温板裏打ち石膏ボードを直張りする工法。
 ケース54   この工法に使用するボードを通称でS1工法という。

品質管理のポイント

☞ 界壁面仕上げには、GL工法を使用しないこと。
☞ 界壁内は、埋込み配管（給水・給湯）にしないこと。
☞ 界壁に設備配管の支持をしないこと。
☞ 界壁への電気ボックスの打込みをしない（やむを得ず打ち込む場合はボックスどうしを離すこと）。

遮音・騒音対策

② 床鳴り

ケース41 集合住宅の乾式置き床の下地が床鳴りを起こした！

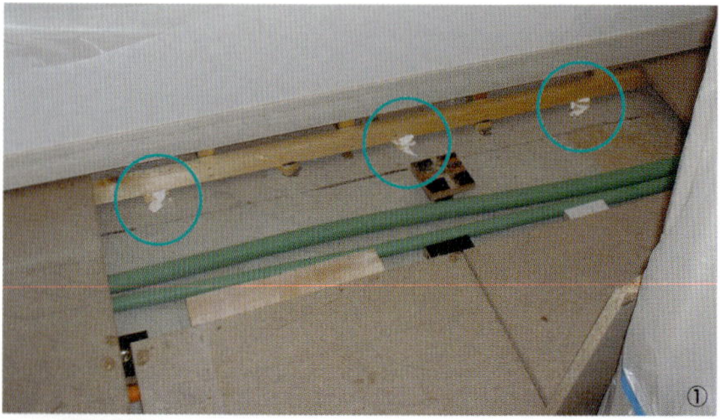

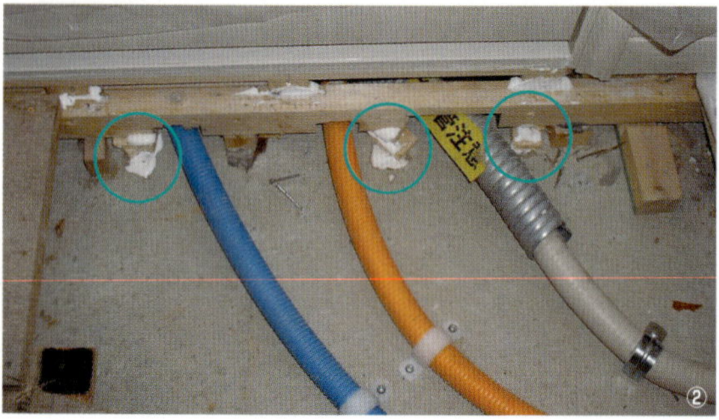

現象	RC造7階建集合住宅において、竣工後2年点検時に、玄関ホールから廊下を歩行すると、床鳴りが発生した。1年点検時に補修した箇所であったが再発した。
原因	床仕上げの寸法が少ない上に（CL＋100）、際根太下部の設備配管が通る部分が欠損しており、きしみが発生していた。また、1年点検時は置き床上部から釘を打って補修し、対応していた。
処置	まず、カーペットとフェルト、下地合板を剥がし、置き床を撤去した。次に、際根太に束（受け木）を追加設置した（写真①○印）。また、洗面脱衣室のドア枠下部の設備配管部に、束を追加設置した（写真②○印）。その後、置き床→下地合板→フェルト→カーペットの順に再施工した。

対策

1. 乾式置き床の施工例
① 間仕切り壁先行工法を原則とする（置き床の上に間仕切り壁を設けない）。
② 設備配管が際根太を欠損しない仕上げ寸法を確保する。
注）設備配管は、躯体と直接接しないよう緩衝材（ゴム等）で巻き、支持バンドで固定する。

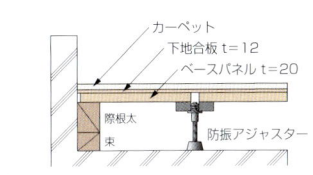

洋室
（カーペット／下地合板 t=12／ベースパネル t=20／際根太／束／防振アジャスター）

🖉 際根太の束は、ベースパネルジョイント部の下部近くに設ける。

廊下・洗面脱衣室
（ビニル床シート／下地合板 t=12／ベースパネル t=20／フローリング／ベースパネル t=20／際根太／防振アジャスター／際根太／束）

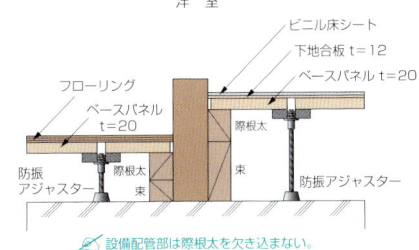

🖉 設備配管部は際根太を欠き込まない。

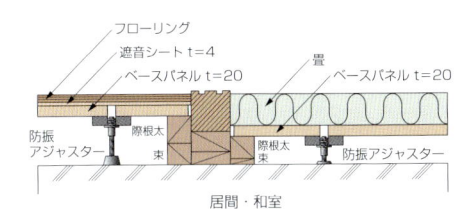

居間・和室
（フローリング／遮音シート t=4／ベースパネル t=20／畳／ベースパネル t=20／防振アジャスター／際根太／束／際根太／束／防振アジャスター）

品質管理のポイント

☞ 際根太は指定寸法（例：45×36mm）以上、束（受け木）は＠450以内とすること。
☞ 下地合板は、壁下地と直接接しない（すき間をあける等）ようにし、指定の釘（スクリューネイル等）で固定すること。
☞ ピアノ等の重量物を置く場合は、必ず補強脚（防振アジャスター）を入れること。

8章 汚れ対策

① 床仕上材に染み出てきた汚れ

ケース42 床に打ったスプレーペンキが長尺塩ビシート表面に染み出てきた!

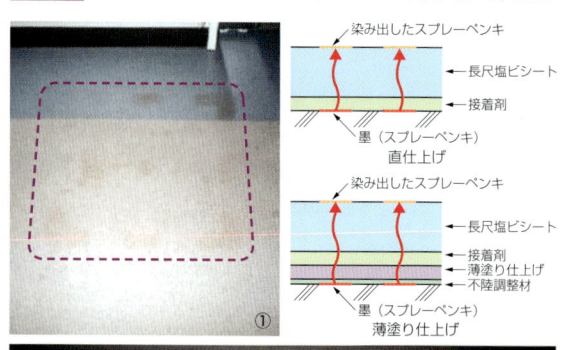

現象	竣工後1年のRC造10階建事務所ビルで、コンクリート直仕上面に打った天井点検口の位置を示すスプレーペンキが、長尺塩ビシートの表面に染み出してきた(写真①○印)。直仕上げだけでなく、薄塗り材で不陸調整した床の長尺塩ビシート表面にも染みが確認された。
原因	床を仕上げる前に、床の墨をスプレーペンキでコンクリート床に打ったが、この墨が長尺塩ビシートの接着剤と化学反応を起こし、長尺塩ビシートの表面に染みとなって現れたと思われる。
処置	スプレーペンキをすべて除去し、薄塗り調整材で不陸調整後、新しい長尺塩ビシートで張り直した。

92

対策

1. 床仕上材と接する「墨」の打ち方
① スプレーペンキは使用しない。
② 床の墨で油脂系マーカーを使用する場合は、塗りつぶすような多量の使用を避ける。
③ 自然に消えるコンクリートマーカーを使用する(市販品)。
④ チョーク墨を使用する。

2. 長尺塩ビシートに関するその他の不具合事例
土間コンクリート下地からの湿気が原因で、接着性を損なうことがある。

現象 エマルジョン系の接着剤を使用した場合に、土間下からの湿気で接着剤が軟化してしまい、台車などの走行に伴って長尺塩ビシートがシワになってしまうことがある。湧水ピットのある二重スラブ上に施工された場合でも、防湿処理が不十分であった場合には、同様の不具合が発生する。

対策 ポリエチレンフィルムによる土間下の防湿対策を確実に行う。さらに確実な接着性を確保するためには、エポキシ樹脂系の接着剤を使用する。

工法別接着剤の種類

工 法	おもに使用する接着剤	特 徴
一般工法	ゴム系ラテックス形	引火性なし
	アクリル樹脂系エマルジョン形	引火性なし
	アクリル樹脂系エマルジョン形(環境対応品)	引火性なし
	溶剤形 ビニル共重合樹脂系	火気厳禁
	エポキシ樹脂	火気厳禁
	ウレタン樹脂系	火気厳禁
	ウレタン樹脂系(低臭・低溶剤形)	可燃性・火気注意
耐水工法	エポキシ樹脂系	火気厳禁
低温時工法	溶剤形 酢ビ系	火気厳禁
放置床工法	ビニル共重合樹脂系	火気厳禁

チェック
対策 2 ☞
ケース 46

一般工法:湿気の影響を受けない標準的な平場床に適用。
耐水工法:床材施工後、湿気の影響を受けやすい平場床、および土間床・地下階に適用。
低温時工法:冬期など、施工時の温度が10℃以下となる施工環境下に適用。
放置床工法:床材施工後の使用頻度が少ない場所、および放置期間が長期間に渡る場所に適用。

品質管理のポイント

☞ 床仕上材と接する箇所に墨を打つ場合には、スプレーペンキは使用しないこと。万一、使用した場合には、仕上げ前に確実に除去しておくこと。
☞ 床下からの湿気に十分配慮し、要求性能に応じた接着剤を選定すること。

汚れ対策

❷ 床石回りの白華現象による汚れ

ケース43 外部階段石目地に白華が発生した！

現象　竣工後2年のSRC造18階建複合ビルで、外部階段の石張り面の目地より白華（エフロレッセンス）が流出して、踏面および蹴上げ面に付着し、それが汚れ模様となって目立つようになった。

原因　踏面の目地切れ部分から浸入した雨水の水はけが悪く、レベルの低いほうの目地が徐々に雨水に浸されて、目地モルタルのカルシウム分が溶け出し、白華が流出した。

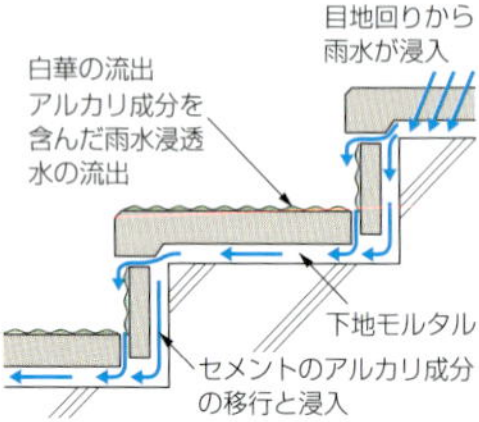

処置　目地から雨水が流出しないよう目地にシーリングを施し、さらに浸入した雨水の水はけを良くするために、石目地の底部を空洞にして水を導き、階段最下部の側溝に排水した。その上で白華を除去し、1～3カ月の間、白華が出ないことを確認した後、石面をクリーニングしコーティング仕上げを行った。

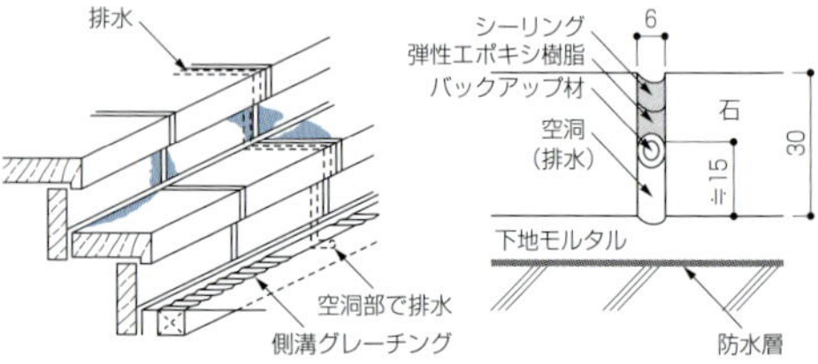

石目地部の処置

対策

1. 一次白華[*1]の回避処置
① 水セメント比の水の分量を最小限に抑える。
② 水酸化カルシウムを不溶性の状態にして、仕上材の表面に白華を出現させないよう、モルタル硬化工程をゆっくり行う。ただし、この方法は屋外ではシート養生が必要となる。

2. 二次白華[*2]の回避処置
① 外部階段のため水の浸入は避けられないが、滞留しないように逃げ道をつくるか、白華を防止するために、仕上材の裏側に水が浸入しないように検討する。
② 塗布タイプの白華防止剤を使用した場合、数年で塗り替えが必要となるので注意すること。

3. 床石回りに関するその他の不具合事例

現象 竣工後8年のRC造12階建事務所ビルで、豪雨により1階通路の床石張り(御影石)の下に雨水が浸入して染みが発生し、「濡れ色」の状況

床石の濡れ色現象

となった。また、外部サッシ下枠と床石との取合い目地シールの劣化剥離が生じており、外部サッシ下枠立上がりモルタル面の塗布防水の処理も完全にされていなかった。外部床仕上面と内部の段差がなかったことから、雨水が浸入した。

対策 外部側サッシ下枠部分のタイルを撤去し、サッシ下枠部分を塗布防水で処理した上で、タイルの復旧と取合いシールを打ち替えた。また、内部床石の表面洗浄後に表面コート塗布を行った。

チェック
対策1 ☞
 ケース44
対策2 ☞
 ケース 6
対策3 ☞
 ケース 2
 ケース 5
 ケース10
 ケース14

*1) 一次白華:コンクリートやレンガ、天然石などの表面、またはモルタル目地等に、内在する水酸化カルシウムが材料中の水に溶け出して、不溶解性の炭酸カルシウムに変化して生じたもの。
*2) 二次白華:雨や湿気・結露の浸入によって生じたもの。

品質管理のポイント

☞ 白華を防ぐためには、外部階段に浸入した水が滞留しないように逃げ道をつくるか、仕上材の裏側に水が浸入しない納まりを検討すること。
☞ 床仕上面のジョイント部分には、防水処理を検討すること。
☞ 外部サッシ下枠の取合い部分については、漏水対策の検討を行うこと。

汚れ対策

③ 床タイル回りの白華現象による汚れ

ケース44 ルーフガーデン床タイル面に白華が発生した！

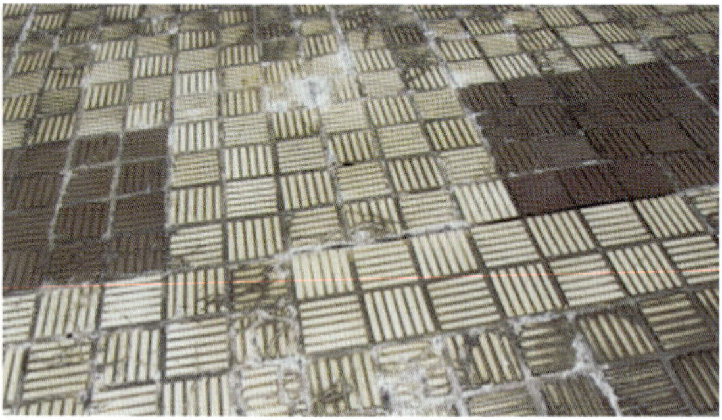

現象
竣工後5年のSRC造12階建複合ビルで、ルーフガーデン床タイル面に白華（エフロレッセンス）が発生した。ルーフガーデン床の仕上げは、躯体スラブの上にアスファルト防水、シンダーコンクリート、クリンカーコンクリート張りである。ルーフガーデン水上には花壇があり、つねに樹木に対して散水していたが、花壇内部は防水をしていなかった。

原因
1. ルーフガーデンの花壇立上がりが後打ち施工であり、また花壇内には防水の施工をしていなかったため、散水された水が下地モルタルおよび保護コンクリートに浸入した。
2. 花壇への散水量が多かった。
3. 下地モルタルおよび保護コンクリートはアスファルト防水層にあり、浸入した水は上面のタイル側からしか蒸発できない納まりとなっていた。
4. ルーフガーデン床面の水勾配が小さいため、溶け出した白華が滞留しやすい環境にあり、床面に残ってしまった。

処置
花壇に散水した水が、ルーフガーデン床タイル裏に浸入しないよう、花壇内に防水施工を行うことで対応した。なお、補修手順は以下のとおり（97ページ「対策4」参照）。
　①樹木・客土の一時撤去仮置き。
　②花壇内の清掃および乾燥。
　③花壇内パラテックス塗布防水施工。
　④植栽復旧。
　⑤タイル面の白華除去、その他清掃等。

対策

1. 白華防止の設計上の対応
①壁や床仕上げの裏側に水が浸入する納まりを避ける。
②壁面に局部的な水路が生じないよう、適切な突出物や水切りを設ける。
③笠木等は防水仕様にする。
④材料間のジョイントは最も弱点になるので、防水処理を行う。

2. 白華防止の施工上の注意点
①タイルやレンガ工事に使用するモルタルのセメント量を少なくすることで、白華の発生量を多少は抑えることができる。
②壁や床仕上げ下地の施工に際しては、空隙の少ない密実な下地をつくるように注意する。

3. 白華発生後の対応
白華が発生した場合は、清水で洗い落とすか、研摩剤を用いて機械的に除去し、除去しにくい場合は、希塩酸(希塩酸は金属部材を腐食させるため、使用の際は養生が必要である)を使用する。

⚠ 白華は除去しても発生源を絶たない限り、必ず再発するので注意!

4. ケース44の不具合断面図と処置後の納まり図

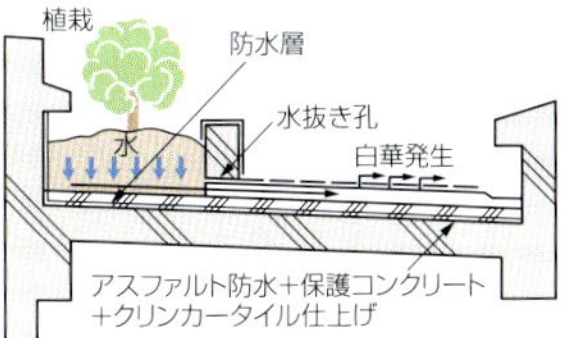

花壇回りの納まり(不具合例)
アスファルト防水+保護コンクリート+クリンカータイル仕上げ
植栽 / 防水層 / 水抜き孔 / 白華発生

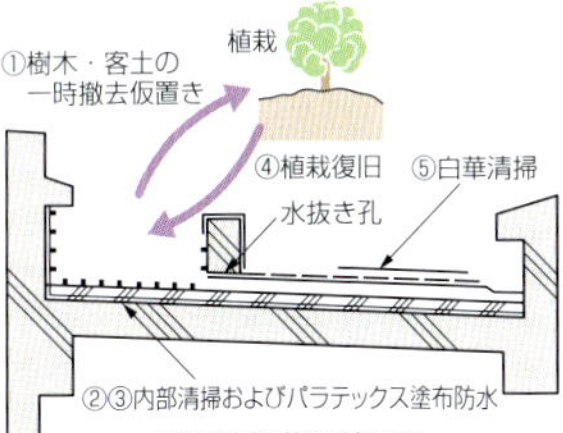

花壇復旧後の納まり
①樹木・客土の一時撤去仮置き
②③内部清掃およびパラテックス塗布防水
④植栽復旧 ⑤白華清掃

チェック
対策1 ☞ ケース43
対策2 ☞ ケース6
対策3 ☞ ケース6 ケース43

品質管理のポイント

☞ 白華を防止するためには、仕上材の裏側に水分を浸入させないことが重要であり、設計・施工の両面から検討を行うこと。
☞ 材料のジョイント部分には、防水処理を行うこと。

汚れ対策

❹ 外装パネルの目地回りに発生した汚れ

ケース45 シリコーン系シーリング材の目地回りに汚れが発生した!

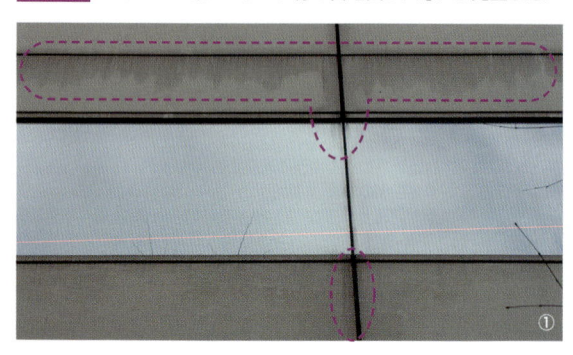

現象
竣工後5年のRC造9階建事務所ビルで、外壁パネルの目地周辺に著しい汚れが確認された。竣工後数カ月では汚れの範囲も目地周辺に限られていたが、その後汚れの範囲が徐々に広がっていった。

原因
ガラス押さえのシリコーン系シーリング材表面からシリコーンオイル（低分子シロキサン環状体）が目地周辺に溶出し、空気中のばい煙や塵埃などの汚れが付着した。このような汚れは、「都市型汚れ」と呼ばれ、シリコーンオイルの溶出は、伝播、浸透、飛散、外力（雨）による移行の4つのメカニズムからなる。

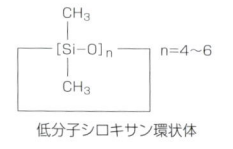

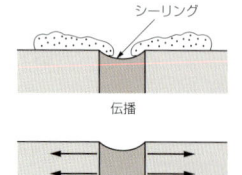

$$\left[\begin{array}{c} CH_3 \\ -[Si-O]_n- \\ CH_3 \end{array} \right] \quad n=4\sim6$$

低分子シロキサン環状体

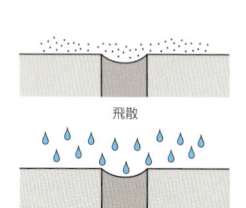

伝播
浸透
飛散
外力（雨）による移行

シリコーンオイル溶出のメカニズム

処置
目地周辺の汚れを洗浄除去後、シーリング材表面に汚れ防止剤を塗布した。

対策

1. **汚れ防止剤の塗布**
   汚れ防止剤は、3～5年間隔で再塗布するなどのメンテナンスが必要であり、シリコーン系シーリング材を施工する場合は、汚れることを前もって予想し、汚れ防止剤を塗布すること。

2. **シーリング材の代替案の提案**
   シリコーン系シーリング材に替わる材料として、ポリイソブチレン系シーリング材（PIB）を採用する。同材を使用する際は、下地材との接着性を左右するプライマーとの相性が重要となるので、事前の確認が必要である。

おもなシーリング材の特徴比較

		シリコーン系 SR-2	ポリイソブチレン系 IB-2	変成シリコーン系 MS-2	ポリサルファイド系 PS-2
美観	目地周辺	×	◎～○	○	◎～○(◎)
	目地表面	×	○	△	◎～○(◎)
動的疲労性		◎	◎～○	○	○～△(△)
作業性		△	○	◎	○(○)
経済性		△	△	○	○(○)

ポリサルファイド系はイソシアネート硬化型、（ ）は金属酸化物硬化型
（日本シーリング材工業会資料）

3. **外壁を降雨による汚れから守る水切り方法**
   写真②は、水切り端部によく見られる壁面の汚れである。外壁の汚れは、降雨時の雨水の導き方に大きく影響するので十分に検討する必要がある。

水切りからの汚れ

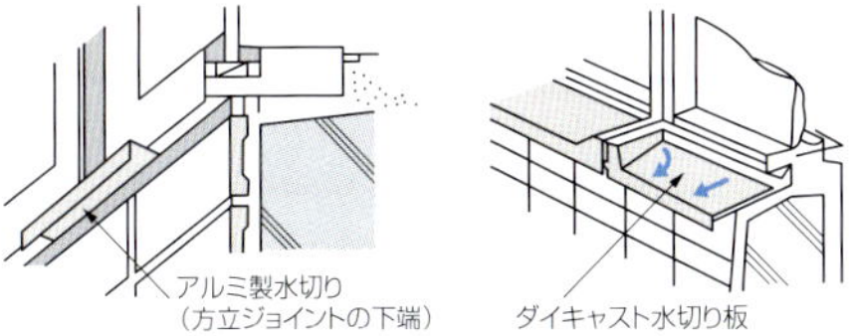

アルミ製水切り（方立ジョイントの下端）　　ダイキャスト水切り板

防汚に配慮した水切りの設置例[19]

チェック
対策2
ケース2

品質管理のポイント

☞ シリコーン系シーリング材の使用は、ガラスのみとすること。
☞ シリコーン系シーリング材の代替品として、ポリイソブチレン系シーリング材（PIB）を採用すること。その際、下地材との接着性を左右するプライマーとの相性に注意すること。
☞ 外壁を降雨による汚れから守る水切り方法について、十分な検討を行うこと（上記「対策3」参照）。

9章 臭い対策

① 床仕上材から発生した異臭

ケース46 1階事務室床タイルカーペットから異臭が発生した！

現象
竣工後3年のRC造10階建事務所ビル1階で、タイルカーペット部分から異臭が発生し、入居者が体調異常を訴えた。土間コンクリート床面に敷かれたタイルカーペット裏面の粘着性から発生した異臭であった。

原因
ピールアップ*1性の接着剤（アクリル樹脂系）に、タイルカーペットのPVC（ポリ塩化ビニル）バッキングに使用されている可塑材が移行し、土間コンクリート下からのアルカリ湿気と反応して刺激性のあるアルコール臭（エチルヘキサール）が発生したと思われる。

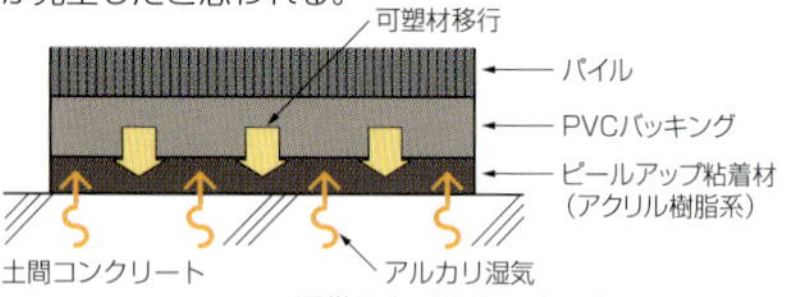

```
可塑材移行
             パイル
             PVCバッキング
             ピールアップ粘着材
             （アクリル樹脂系）
土間コンクリート  アルカリ湿気
通常のタイルカーペット
```

💭 可塑材が移行し、アルカリ湿気と反応するまでは、施工後1～5年程度。

処置
異臭が発生した事務室の使用者に対して、一時的に移動の手配を行い、コンクリート面に残存している接着剤をすべて除去した上で、可塑材を含まないエコタイプ（非PVC系）のタイルカーペットを再施工した。

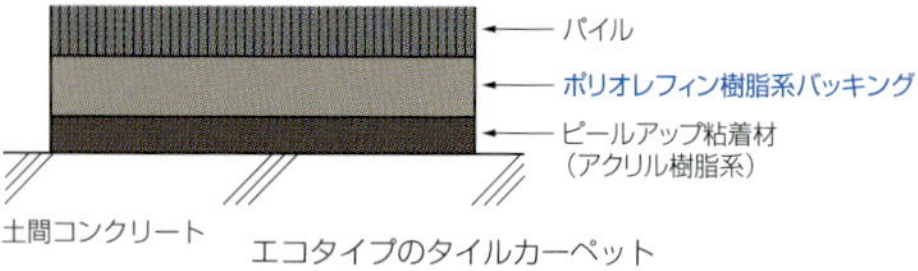

```
             パイル
             ポリオレフィン樹脂系バッキング
             ピールアップ粘着材
             （アクリル樹脂系）
土間コンクリート
エコタイプのタイルカーペット
```

対策

1. 湿気環境下に用いる建材

湿気の多い場所や換気不良で結露が発生しやすい場所、土間コンクリート部には、可塑材を含んだ建材の使用を避ける。やむを得ず使用する場合は、計画・設計の段階で、次のような配慮が必要である。
①エコタイプの使用 ②反応型接着剤の使用 ③エポキシコーティング等（防湿対策） ④防湿シートの使用

2. アクリル樹脂系ピールアップ接着剤

コンクリートの表面含水率が8%以下の場合に使用する。10%を超えるような場合は、工事監理者およびメーカーと協議して対応すること。また、コンクリートの乾燥が遅いデッキスラブコンクリートでも、ケース46と同様の不具合が報告されており、乾燥養生期間を十分に取る必要がある。

3. 接着剤の選定

シックハウス*2対策のため、床仕上材用の接着剤の選定には十分な注意が必要である。行政のVOC対象物質と指針値を確認すること。

行政のVOC対象物質 （平成19年7月現在）

厚生労働省 （13化学物質の指針値）	ホルムアルデヒド(0.08ppm)、トルエン(0.07ppm)、キシレン(0.20ppm)、パラジクロロベンゼン(0.04ppm)、エチルベンゼン(0.88ppm)、スチレン(0.05ppm)、クロルピリホス(0.07ppb/0.007ppb)、DBP(0.02ppm)、テトラデカン(0.04ppm)、DEHP(DOP)(7.6ppb)、ダイアジノン(0.02ppb)、アセトアルデヒド(0.03ppm)、フェノブカルブ(3.8ppb)
国土交通省 （品確法*）	ホルムアルデヒド(測定必須)、トルエン・キシレン・エチルベンゼン・スチレン(任意測定)
文部科学省 （学校衛生基準）	ホルムアルデヒド(0.08ppm)、トルエン(0.07ppm)、キシレン(0.20ppm)、パラジクロロベンゼン(0.04ppm)
国土交通省 （建築基準法）	クロルピリホスを添加した建築材料を用いないこと。ホルムアルデヒドは、発散速度に応じて内装仕上げの面積制限がある（平成15年7月施行予定）。

*品確法：住宅の品質確保の促進等に関する法律

4. エコタイプ（非PVC系）のタイルカーペット

エコタイプ（非PVC系）であるポリオレフィン樹脂系パッキング材を使用したタイルカーペットであれば問題はない。

チェック
対策1 ☞ ケース42
対策3 ☞ ケース28
対策4 ☞ ケース42

*1) ピールアップ：「ピール」とは剥がすという意味。タイルカーペットのように剥がすことを目的に行う施工方法のこと。
*2) シックハウス：接着剤や建材から発生する化学物質による室内空気汚染のこと。

品質管理のポイント

☞ 床仕上材から発生する異臭を防ぐためには、以下のような湿気環境下の対応策の中から、施工可能なものを積極的に採用すること。
①エコタイプの使用。
②反応型接着剤の使用。
③エポキシコーティング等。
④防湿シートの使用。

臭い対策

② 集合住宅のバルコニーから発生した異臭

ケース47 集合住宅の通気ベンドキャップから異臭が発生した！

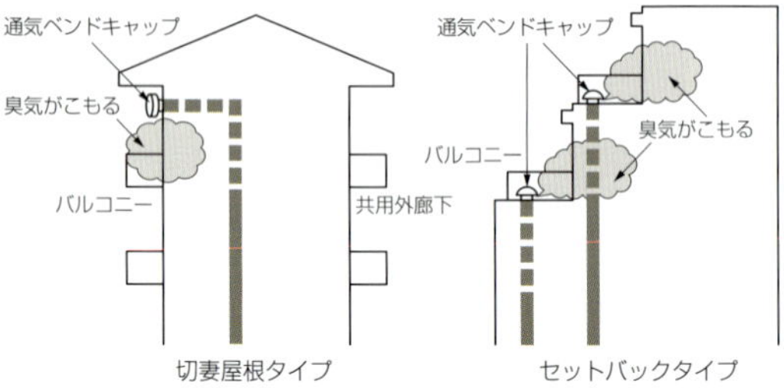

切妻屋根タイプ

セットバックタイプ

現象
竣工後2年のRC造10階建集合住宅で、入居者からバルコニー部分が臭うという苦情が発生した（写真①）。また、竣工後6カ月のRC造8階建集合住宅でも、同様の苦情が発生した（写真②）。いずれも、バルコニー部分に排水管の伸頂通気ベンドキャップがあった。

原因
写真①②：バルコニー部分に通気ベンドキャップを設置したことが臭気トラブルの原因であった（左・右図参照）。集合住宅の形態によっては、最上階屋根まで通気管を立ち上げにくく、バルコニーまたはその近くに通気ベンドキャップを設置してしまい、臭気トラブルの原因となっている。

処置
切妻屋根タイプは、通気ベンドキャップを妻側壁面へもっていき、セットバックについては、通気ベンドキャップを通気弁*に変更した（103ページ「対策1」参照）。

対策

1. 配管等の設置位置と臭気対策

切妻屋根のタイプとセットバックタイプの集合住宅では、異臭トラブルが発生しやすいので、設計・施工の各段階で十分に通気の開放位置と臭気対策の検討を行うこと。

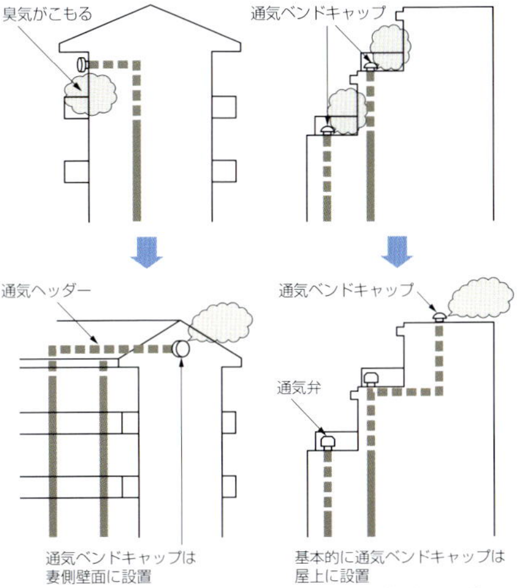

臭気がこもる　　　　通気ベンドキャップ

↓　　　　　　　　　↓

通気ヘッダー　　　　通気ベンドキャップ

通気弁

通気ベンドキャップは妻側壁面に設置
切妻屋根タイプ

基本的に通気ベンドキャップは屋上に設置
セットバックタイプ

2. 配管等設置に関するその他の注意事項

① 切妻屋根タイプでは、小屋裏に通気弁を設ける場合があるが、占有部分で点検しなくてはならないことや、弁の作動音と流水音の寝室への影響を十分に配慮すること。

② 通気ベンドキャップや通気弁の設置位置については、発注(業)者から住宅の購入者に事前説明をしてもらい、販売用図面に位置を明示しておくこと。

③ 通気弁を設ける場合は、点検の容易な場所に設置すること。

チェック
対策1 ☞ ケース8
対策2 ☞ ケース8

＊通気弁：通気管内の空気圧の差と、可動盤の自重による自然力を利用して作動する臭気の流出を防ぐ装置。

品質管理のポイント

☞ 設計、施工の各段階で、通気の開放位置と臭気対策の検討は慎重に行うこと。

☞ 切妻屋根タイプで小屋裏に通気弁を設ける場合は、弁の作動音と流水音の寝室への影響に十分配慮すること。

10章 その他のクレーム対策

① 圧縮・熱伸びによるアルミサッシの方立変形

ケース48 アルミサッシの方立がわん曲し窓が開閉不能になった！

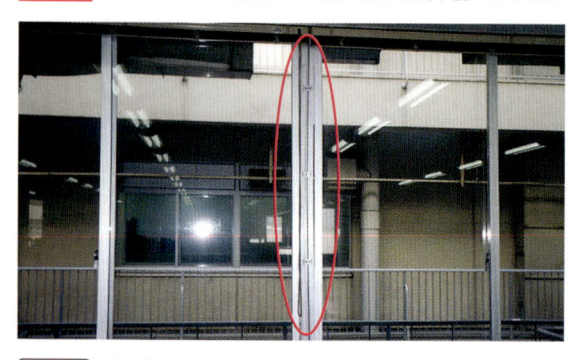

| 現象 | 竣工後6年のRC造10階建事務所ビルで、2階東面の嵌殺し・引違い・引違い・嵌殺しのアルミサッシ4連窓のうち、引違いと引違いの連窓部分の方立がわん曲し（写真○印）、障子の開閉が困難となり施錠不能となった。方立の長さは1,170mm、最大変位量は20mmであった。 |

| 原因 | 1. 上部構造体の変形（クリープ現象）により、圧縮を受けた。
2. 柱間（L＝6,000mm以上、写真）やはね出しスラブの下、またはスラブの下に直接アルミサッシを取り付けた。 |

| 処置 | アルミサッシ回りの仕上材を剥がして、方立を取り外し、短い方立に取り替えた。その際、方立上部に緩衝材（厚さ10mm、長さ300mm）を設けた後に、詰めモルタルを施した。この時、緩衝材はモルタルと接着性が良く、かつ適切な弾性があるものを使用し、アンカーは方立上部を避け、150mm以上離した位置に取り付けた。 |

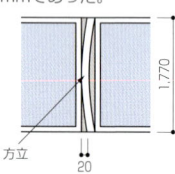

対策

1. アンカー取付けの注意事項
①方立にアンカーを取り付ける場合は、ルーズ孔のある金物を使用する。
②アンカーを直接方立に取り付けるのではなく、必ず方立から150mm以上離して窓枠に取り付ける。

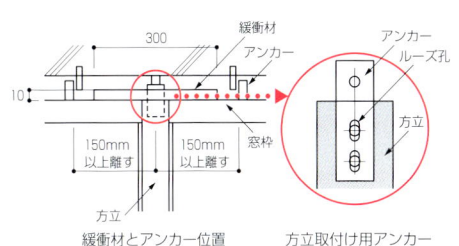

緩衝材とアンカー位置　　方立取付け用アンカー

2. 緩衝材の使用
方立上部に緩衝材を設け、方立の中までモルタルが詰まらないよう、サッシにモルタル止めを付ける。

3. サッシわん曲（δ）の想定図
サッシわん曲の想定図は、単純梁に等分布荷重を作用させ、片方の支点が水平移動する考え方。

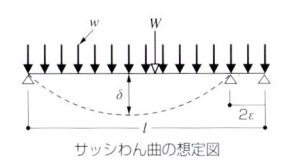

サッシわん曲の想定図

サッシ方立の長さ（l）が200cm、サッシ方立の座屈等による縮み代（2ε）が0.05cmであった場合、サッシ方立のわん曲（δ）は2cmである。

チェック
対策3 　ケース5

$$2\varepsilon = \frac{8}{3} \times \frac{\delta^2}{l}$$

梁の長さl、中央部の最大たわみδ、縮み代2εの相対関係表[20]

δ＼l	100cm	150	200	250
1cm	0.03	0.02	0.01	0.01
2	0.11	0.07	0.05	0.04
3	0.24	0.16	0.12	0.10

注）小数点第3位を四捨五入

品質管理のポイント

☞ 方立上部に、モルタルと接着性が良く適切な弾性がある緩衝材を設け、アルミサッシにモルタル止めを施すこと。
☞ 方立にアンカーを取り付ける場合は、ルーズ孔のある金物を使用すること。
☞ 方立に直接アンカーは取り付けない。必ず方立から150mm以上離して窓枠に取り付けること。

その他のクレーム対策

② 網入りガラスの熱割れ

ケース49 トップライトの網入りガラスが熱割れした！

現象	竣工後2年のRC造3階建スポーツ施設で、トップライトの複層ガラスを構成する網入りガラスにひび割れが発生した。ひび割れは、ガラスの下端から立ち上がる形状をしていた。建築基準法により、屋根には30分の耐火性能が要求されており、設計図書には網入りガラスの使用が明記されていた。
原因	網入りガラスの鉄線切断部に生じた錆が成長したため、体積膨張が起こりクラックが発生した。これにより網入りガラスの熱割れを誘発したと考えられる。
処置	ガラス小口への結露水の浸水を避けるため、ブチルテープとアルミテープで保護し、サッシ下枠に水抜き孔を設けた。

対策

1. 複合ガラスの熱割れ計算
高温多湿な部位に、網入りガラスを構成材とする複層ガラスを用いる場合、通常の熱割れ等の強度計算を行うよう、メーカーと事前に打合せを行う必要がある。

2. 小口金網部の錆止め・劣化防止対策
外部雨水だけでなく、室内側の結露水に対しても止水性・排水性（経路と能力）の高いサッシの納まり・サッシ形状とし、ガラス小口およびその接合部は、条件に応じた高温多湿仕様の処置を施す。一般的な処置範囲としては、下辺小口および縦小口の下端より1/4の高さまで処置する。

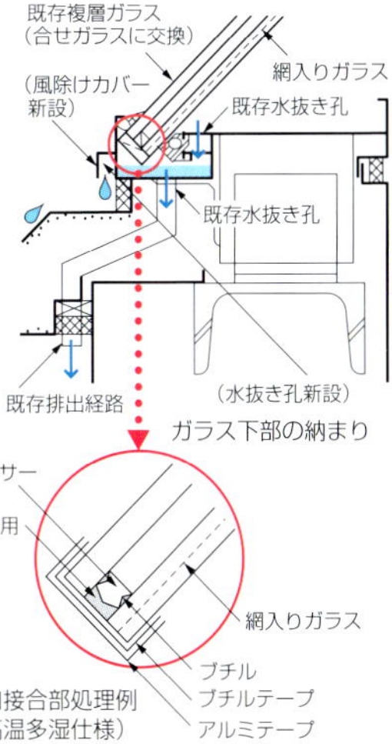

既存複層ガラス（合せガラスに交換）
網入りガラス
（風除けカバー新設）
既存水抜き孔
既存水抜き孔
既存排出経路
（水抜き孔新設）

ガラス下部の納まり

アルミスペーサー
高温多湿対策用シール
網入りガラス
ブチル
ブチルテープ
アルミテープ

小口接合部処理例（高温多湿仕様）

3. 網入りガラスの熱割れに関するその他の不具合事例

現象　竣工後6年になるRC造の学校施設（講堂）で、嵌殺し（t＝8mmの熱線吸収）窓ガラスが、熱割れした。調査の結果、東面のガラスに遮光カーテンを木額縁に固定したことから、カーテンとの離隔距離が6cmしかとれず、また、ガラスの特性（熱線吸収）もあって熱割れを起こした。

チェック
対策2 ☞
ケース38
ケース39

対策　熱線吸収ガラス使用時は、ガラスの裏側に最低10cm程度の空気層を設ける。空気層が十分取れない場合は、メーカーに熱割れの検討を依頼する。

品質管理のポイント

☞ 高温多湿な部位に、網入りガラスを構成材とする複層ガラスを使用する場合は、通常の熱割れ等の計算を行うとともに、小口金網部の錆と劣化に対する防止対策を行うこと。

☞ 建物使用者に対して、カーテンやブラインドの設置、熱線反射フィルムやポスターの張付けは、網入りガラスの熱割れを起こす可能性があることを十分説明すること。

その他のクレーム対策

③ 現場発泡ウレタンの二次発泡

ケース50 二次発泡の影響により壁ボードの膨れが発生した!

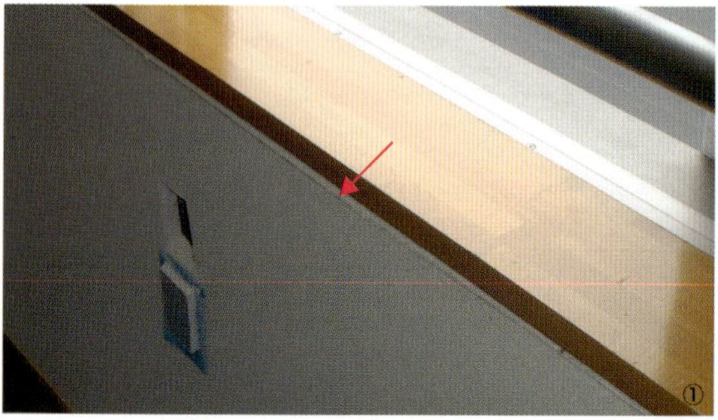

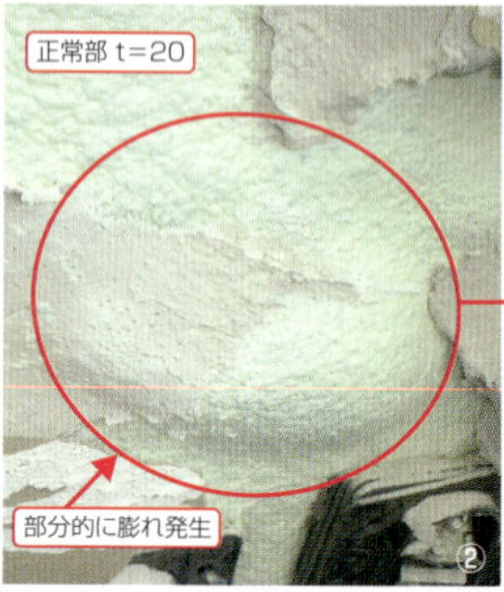

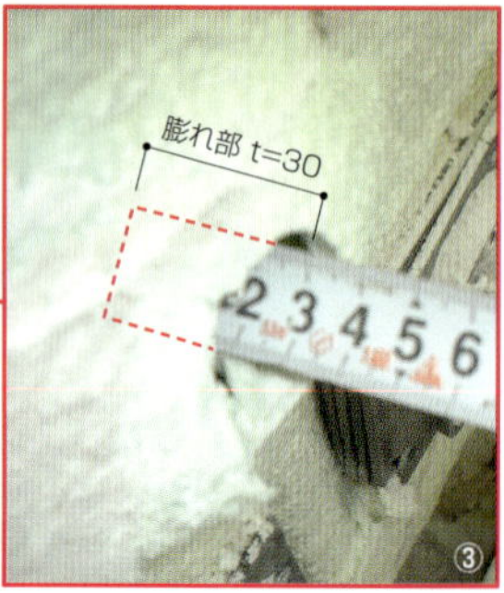

正常部 t=20

部分的に膨れ発生

膨れ部 t=30

| 現象 | 竣工後6カ月のRC造10階建集合住宅で、現場発泡ウレタンの二次発泡により、窓枠下の内装ボードを押し出し膨れの被害が発生した(写真①→印)。同住宅47戸のうち被害があったのは、1住戸のみであった。 |

| 原因 | 今回は、施工時にイソシアネート成分が多いフォームが形成され、その後フォームに対する湿気等の影響で二次発泡現象が起こったと考えられる。発泡機の温度調整が不十分な場合、その影響で混合バランスの異常を起こす可能性がある。また、施工当時の季節・天候を調査したところ、1月の雨天であったことが判明した。 |

| 処置 | 二次発泡によるクレームは、入居後に発生する場合が多い。家具を移動し周辺を養生した後に、不具合全面の仕上材および発泡ウレタンを撤去し、再施工した。作業は数日間に及んだ。 |

対策

1. 現場発泡ウレタンを施工する前の確認事項
① 使用材料について
　使用材料は季節により配合調整しているため、ミルシートにより商品名、保証期間を確認すること。
② 使用機器について
　発泡機のエアーホースの温度および圧力制御装置の働きを確認すること。
③ 施工環境
　特に躯体表面で発泡することから、表面温度は5℃以上、表面含水率は8%以下で施工すること。

2. 混合バランス異常を起こす要因
① 施工時の環境
　雨天時や高湿度時で躯体に湿気がある場合は、正常な混合比で吹き付けられた原液でも躯体にある水分の影響で、反応時に混合バランス異常が起こる可能性がある。
② 発泡機の不具合
　発泡機のエアーホースの温度は40℃に設定されるが、設定温度が低いと2液ポリオール成分とイソシアネート成分の吐出圧力バランスの狂いや、発泡機のエアー圧力不足による攪拌不良の原因となり、ケース50のようなトラブルを起こすことになる。

2液のバランス異常は10%が許容範囲であるが、通常は発泡機の制御装置が働き、アンバランスな状態で長い時間施工されることはないため、広範囲に不具合は発生しないのが普通である。

硬質ポリウレタンフォーム発泡機

注）メーカーにより、施工技術者の技術向上のため、ウレタンフォームの基礎知識や使用機器のメンテナンス、施工技術、安全・衛生知識等の習得を目的とした講習会を実施している。

チェック
対策 1
ケース 37
ケース 38

品質管理のポイント

☞ 使用材料と使用機器の管理および施工環境の確認が最も重要である。
① 施工環境：躯体表面温度5℃未満、表面含水率8%以上は不可。
② 使用材料：季節により配合調整しているため、ミルシートにより商品名、保証期間を確認する。
③ 使用機器：発泡機のエアーホースの温度および圧力制御装置の働きを確認する。

その他のクレーム対策

④ 軒天井材の破損

ケース51 台風の影響で軒天井材が破損した！

現象
竣工後7年のRC造6階建事務所ビルで、台風の通過中に、キャノピーの軒天井ボードが破損および飛散した。被害のあった日は、瞬間最大風速33m/sの強風であったが、周辺建物は台風被害を受けていなかった。

原因
キャノピーの軒天井の下地材に内部仕様の材料を使用していた。台風通過時の被害であり、現地での風速および風向きは推測不能であるが、かなりの強風であったと考えられる。設計図書には、外部仕様に関する特記はなかった。

処置
不具合箇所を外部仕様材料にして施工し直した。補修前（19形使用）と補修後（25形使用）の使用材料を下表に示す。

野縁等の種類[21] (mm)

部材＼種類	19形	25形
シングル野縁	25×19×0.5	25×25×0.5
ダブル野縁	50×19×0.5	50×25×0.5
野縁受け	38×12×1.2	38×12×1.6
野縁受けハンガー	厚さ2.0以上	
クリップ	板厚0.6以上	板厚0.8以上
吊りボルト	構造ねじ、ねじ山径9.0（円筒部径8.1以上）	
ナット	高さ7.7以上	

注）野縁はスリット付きを除く。

軒天井材の破損や飛散は、台風時だけでなく、春一番などに時々見受けられる事象である。不具合発生後の手直し作業は、外部足場が必要になり大がかりになってしまう。

対策

1. 天井下地材の外部仕様 🔍 風圧力の検討が重要!
外部では、25形を使用する（110ページ「処置」表参照）。

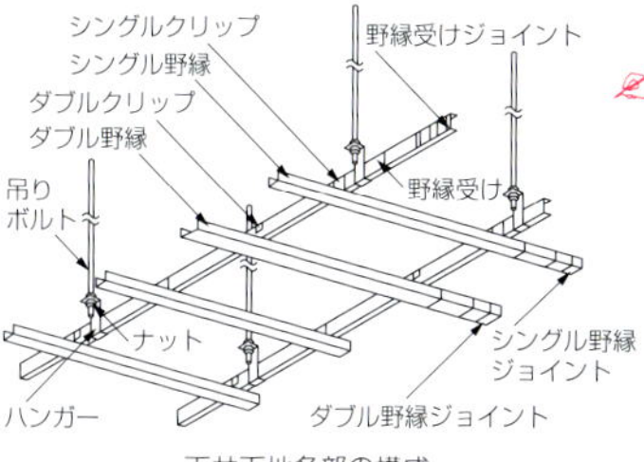

🔍 屋外の一般的な野縁間隔は300mm程度とする。

部材名称：シングルクリップ、シングル野縁、ダブルクリップ、ダブル野縁、吊りボルト、ナット、ハンガー、野縁受けジョイント、野縁受け、シングル野縁ジョイント、ダブル野縁ジョイント

天井下地各部の構成

2. 天井仕上材の強風対策
強風の吹上げ対策用として、外れ止め機構のある吊りハンガーやクリップの使用を考慮する。

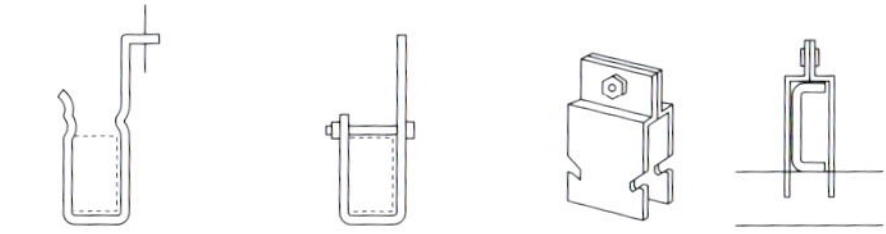

外れ止め機構　　外れ止めボルト付き　　耐風圧用クリップ

3. ビル風対策
軒天井の施工においては、ビル風の正確な数値を求めることではなく、施工した部位にビル風が発生しやすいかどうかを判断することが大切である。

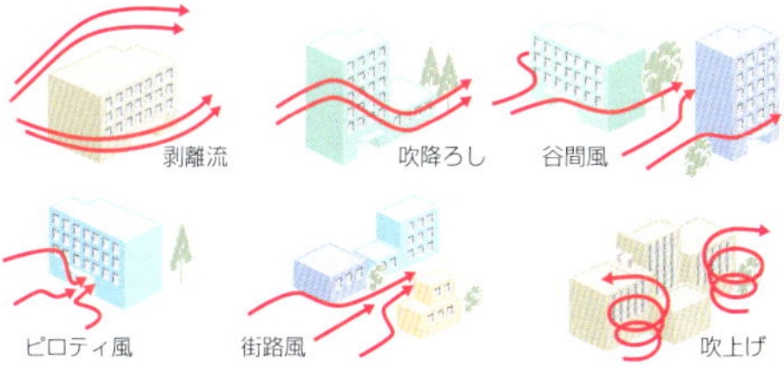

剥離流　　吹降ろし　　谷間風

ピロティ風　　街路風　　吹上げ

ビル風で気をつけたい場所

チェック
対策1 ☞ ケース52

品質管理のポイント

☞ 軒天井の施工に先立ち、設計仕様および求められている性能を確認・吟味すること。
☞ ビル風による影響にも十分配慮すること。
☞ ビル風の影響を受ける高層部分の軒天井や広い面積の軒天井の野縁間隔は、外壁端部付近の風圧係数が特に大きいため、端部から奥行1/10かつ3m以内の範囲の風圧係数を－1.5として計算すること。

その他のクレーム対策

⑤ 軒天井に発生した錆

ケース52 庇アルミスパンドレルに斑点状の錆（点食）が発生した！

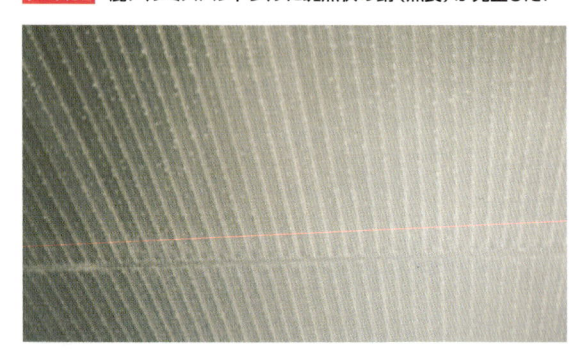

現象
竣工後10年のRC造7階建事務所ビル1階のエントランスで、白い斑点状の錆（点食）が軒先および軒天井の全面に無数に見られた。

原因
軒天井は、外壁のように風雨によってセルフクリーニングできないため、結露、乾燥を繰り返し、雨水のまわり込み、さらには大気汚染物質が固着し、付着物質と酸化皮膜部との間で電気化学的な腐食が発生した。

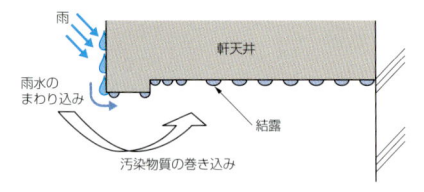

雨／軒天井／雨水のまわり込み／結露／汚染物質の巻き込み

処置
エントランス全面に養生シートを張り、軒先および軒天井全面を中性洗剤で洗浄し、その後固着物を研磨剤入り洗浄剤で研磨して、表面の凹凸部にパテ付けを行った。パテ材の硬化後、プライマー、仕上塗装とした。仕上塗装は、ウレタンエナメル塗料とした。

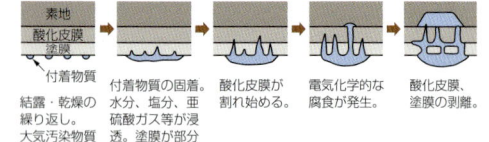

素地／酸化皮膜／塗膜／付着物質

結露・乾燥の繰り返し。大気汚染物質の付着。 → 付着物質の固着。水分、塩分、亜硫酸ガス等が浸透。塗膜が部分的に割れ始める。 → 酸化皮膜が割れ始める。 → 電気化学的な腐食が発生。 → 酸化皮膜、塗膜の剥離。

点食過程

対策

1. 立地条件と清掃の頻度

軒天井に使用されるアルミニウム材は、外装パネルやサッシなどのように、セルフクリーニングされることもなく、さらに、汚染物質が空気の流れとともに巻き込まれて付着しやすいため、定期的な清掃で汚れを除去しておくことが最も重要である。清掃の頻度は、汚れの程度や立地条件により下表を参考とする。

立地条件別清掃回数の目安

立地条件	清掃回数
臨海工業地帯	1〜2回／年
海岸、工業地帯	1回／年
市街地	0.5〜1回／年
田園地帯	0.5回／年

2. メンテナンス方法

一般的な表面処理仕様である複合皮膜や塗膜を例にとり、表面劣化状況とメンテナンス仕様の概要を以下に示す。
注）B、C仕様については、専門家に相談のこと。

劣化状況別メンテナンス仕様の概要

劣化状況		複合皮膜、塗膜	メンテナンス仕様
		内容	
汚れ	付着物	水洗いや中性洗剤などで除去可能なもの	A
	固着物	研摩剤入り洗浄剤によって除去可能なもの	B、C
光沢低下		水洗い後、表面の光沢が著しく低下している状態	B、C
変色	白化	クリヤー塗膜が白く変化した現象	B、C
	黄変	皮膜または塗膜が黄色・褐色に変化したもの	B、C
チョーキング		表面が白く変化し離別しやすい粉状になる現象	C
膨れ		塗膜の一部が下地から離れて浮き上がる状態	C
ひび割れ		塗膜に割れができる状態	C
剥離		塗膜が付着力を失って皮膜から離れる現象	C
点食		点状に発生している腐食	C

A：洗浄剤（中性洗剤、エチルアルコール）
B：クリヤー塗料
C：エナメル塗料（必要に応じて、パテ、プライマー塗料）

チェック
対策1 ☞ ケース45
対策2 ☞ ケース45

品質管理のポイント

☞ 建築物の立地条件が厳しい場合は、工事監理者およびメーカーと協議し、塗膜厚さを調整することが望ましい。
☞ 軒天井は、汚れやすい場所であることを建物引渡し時に建物所有者および使用者によく説明し、定期的な清掃が最も重要であることを理解してもらうこと。

11章 設備関係のクレーム対策

1 雨水排水ポンプ稼動時に発生する騒音

ケース53 地下ピットの雨水排水ポンプによる騒音が発生した！

現象 竣工後2カ月のRC造12階建集合住宅で、地下ピットの雨水貯留槽に設置された雨水排水ポンプが稼動した際に、騒音が住戸に伝播した。雨が降るたびに苦情が発生した。

原因
1. 排水ポンプの容量が大きい。
2. ポンプおよびポンプアップ排水管の振動が躯体伝播した。
3. 屋外排水桝でのポンプ排水時に発生する落水音が大きい。

処置
1. 吐出側排水管にパイプサイレンサーを取り付けた。
2. 配管の床貫通部のモルタルを撤去し、緩衝材を充填した。
3. 配管を防振支持とした。
4. ポンプ下部に防振シートを敷設した。
5. ポンプ吐出バルブを全開から3/4開とし流量を絞った(キャビテーションによる振動音が発生していた)。

対策

1. 雨水排水ポンプ稼動時の騒音対策
114ページのような処置を実施し、騒音が大幅に低減しても居住者の納得が得られない場合がよくある。二次対策として、小容量の排水ポンプを通常運転用に追加設置する。

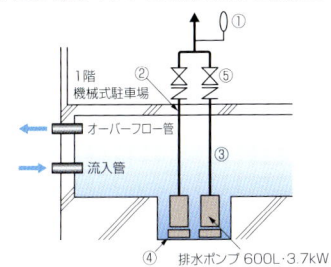

一次対策：①〜⑤は「処置」の1〜5に対応

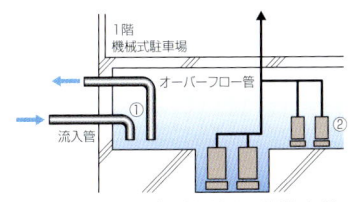

二次対策：ポンプを追加して改善した例

① 流入管およびオーバーフロー管をエルボ返しにより水中に立ち上げ、音の伝播を防止した。
② ポンプ追加設置（200L・0.4kW）。

2. 貯留槽設置の際の注意事項

チェック
対策1 ☞
ケース40
ケース54
対策2 ☞
ケース40
ケース54

① 計画初期の建物のGL設定を含む調整を行う。
② 流入勾配の確保、自然排水によるオーバーフローの確保、貯留槽の水深の確保等を検討したGLを設定する。
③ オーバーフローの自然排水が取れない地下階に設置する貯留槽では、特に流入制御、ポンプ容量、非常電源の設置を十分に検討する。

品質管理のポイント

☞ 雨水排水に限らず、排水ポンプを設置する場合は小型のポンプを選定し、容量不足に対して大型のポンプの追従運転を考慮すること。
☞ ポンプ、配管の振動が躯体に伝播しないよう、防振支持、躯体貫通部に緩衝材の充填を行うこと。

設備関係のクレーム対策

❷ トイレの排水時に発生する騒音

ケース54 トイレの排水音に伴う騒音のクレームが発生した！

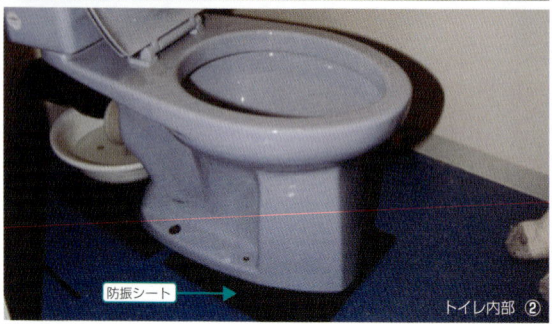

パイプシャフト内部 ①

防振シート　トイレ内部 ②

| 現象 | 竣工後1年のRC造7階建集合住宅で、住戸内パイプシャフトの排水竪管からの排水音、および便器使用音による騒音のクレームが発生した。 |

| 原因 | サッシの気密性の向上とともに、外部騒音が低減されており、室内がより静寂になっているため、従来騒音とは考えられない音でも居住者が気になり、音に関するクレームとなって発生しているとも考えられる。 |

| 処置 | 1.排水竪管に防音シートを巻き、遮音壁を設置した。
2.便器底に防振シートを設置した(写真②)。 |

対策

1. **トイレ回りの騒音対策**
   便器の底部に、便器底防振シートを取り付け、落下水音の伝播を防止することにより、騒音減衰が得られる。
2. **遮音壁（遮音区画）の設置**
   ① トイレと寝室の間を遮音区画とする。
   ② 遮音壁は遮音性能の高い壁とし、天井スラブまで立ち上げる。

遮音区画の設置

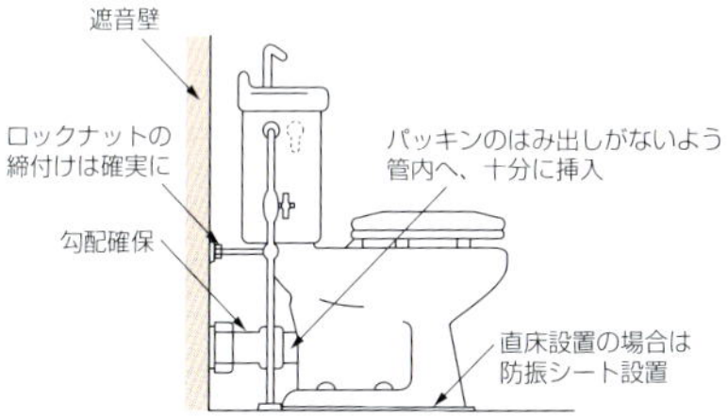

直床設置の例

チェック
対策1 ☞
　ケース40
　ケース53
対策2 ☞
　ケース40
　ケース53

品質管理のポイント

☞ トイレと寝室の間を遮音区画とすること。
☞ 遮音壁は遮音性能の高い壁とし、天井スラブまで立ち上げる。
☞ 設計・施工の両面から遮音しやすいプラン、有効な方法、コスト、施工性等の総合的な騒音防止対策を検討すること。

設備関係のクレーム対策

③ 空調屋外機の効率低下

ケース55 空調屋外機設置場所の考慮不足により効率が低下した！

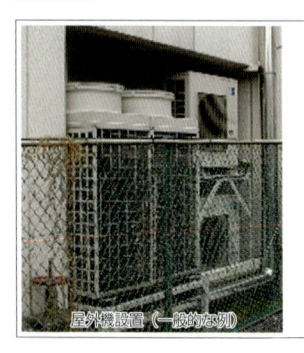

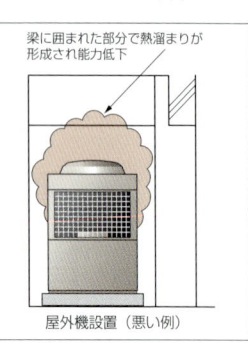

屋外機設置（一般的な例）

梁に囲まれた部分で熱溜まりが形成され能力低下

屋外機設置（悪い例）

現象
竣工後3年の1階が事務所、2階から5階までが集合住宅のRC造5階建の建物で、事務所と住宅ともほとんどの階で空調の効きが悪くなったという苦情が発生した。

原因
集合住宅のベランダ：ベランダの奥行が狭く、コンクリート製の手摺りで通風も遮られショートサーキット*を起こした。
1階事務所の屋外機置き場：上部空間が梁で囲まれて熱溜まりとなり、ショートサーキットを起こした（上図参照）。

処置
集合住宅のベランダ：コンクリート製手摺りの壁より上方に、ブラケットを利用して外壁面に屋外機を設置した。
1階事務所の屋外機置き場：排気ダクトを接続し、排気を梁の外側へ導いた。

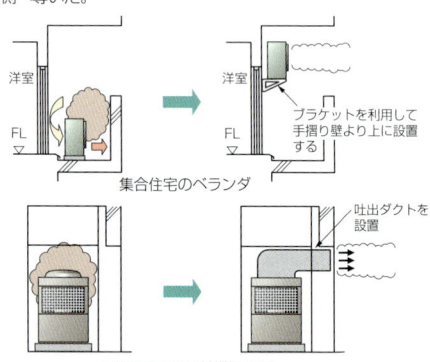

集合住宅のベランダ

ブラケットを利用して手摺り壁より上に設置する

1階事務所の屋外機置き場

吐出ダクトを設置

対策

1. 屋外機の設置場所
① 冷暖房機の設置位置は、通風の障害がなく熱交換が十分に行われる場所に設置し、ショートサーキットの防止や夏期の高温排気、冬期の低温排気について十分考慮する必要がある。
② スペースの有効利用や意匠的配慮から、デッドスペースや見え掛かりにならない場所に設置されることが多いが、機能の確保を優先すること。

2. 屋外機に関するその他の不具合事例
① 隣地境界際に屋外機を設置していたが、隣地の改築時に新設された境界ブロック塀により、通風障害と熱溜まりの障害が発生した事例もある（右図）。将来に渡って障害とならない場所に設置すること。

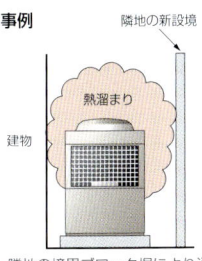

隣地の境界ブロック塀により通風障害と熱溜まりを起こした例

② ショッピングビルの駐車場で、車路（斜路）下のスペースを利用して屋外機を設置していたが、上部空間が梁で囲まれて小さかったため、屋外機の排気が滞留しショートサーキットを起こした。

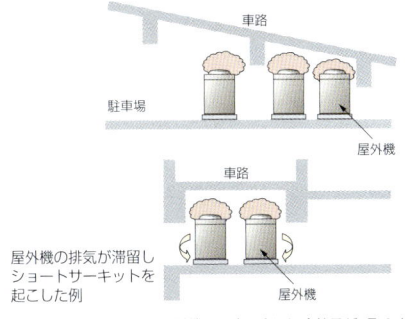

屋外機の排気が滞留しショートサーキットを起こした例

＊) ショートサーキット：屋外機から吹き出した冷熱風が、そのまま吸込み側に回り、外気の熱が利用できなくなる状態。

品質管理のポイント

☞ 設備機器の効率の低下は、長期に渡って居住者や建物所有者に光熱費の浪費を強いることになるため、屋外機の設置位置は機能の確保を第一に計画すること。
☞ 冷暖房機は、外気の熱を利用する機械なので、ショートサーキットの防止を考慮すること。

12章 付録－結露

① 結露の原因とメカニズム

●結露の原因
住まいにおける結露の発生原因は非常に複雑で、単純に断熱性能や内外の温度差に起因するものではない。高気密化した住宅内の入浴、炊事などで発生する水分量、換気や暖房のしかた、日照率、断熱の有無、生活環境などさまざまな要因が絡み合って発生するものである。
なお、結露には目に見える「表面結露」と、壁などの内部で起こる「内部結露」の2つがある。

- 💧 表面結露：あるものの表面に発生する結露のこと。
  - ・冷蔵庫から出した物の表面に付く水滴。
  - ・冬季に、締め切った部屋の中で鍋物やお湯を沸かすと窓などに付く水滴。
- 💧 内部結露：内部から床や壁などによく現れる結露のこと。
  - ・押入の床や壁のクロスの湿気、あるいはカビ。
  - ・畳の裏面と床の湿気、あるいはべたべたの状態。

●結露のメカニズム－結露発生のしくみ
結露とは、たくさんの水分を含んだ暖かい空気が、冷たい物質に触れて冷やされ水滴になる現象をいう。空気が抱えることのできる水分量は、温度により大きく変化し、温度が高いほど多くの水蒸気を含むことができる。

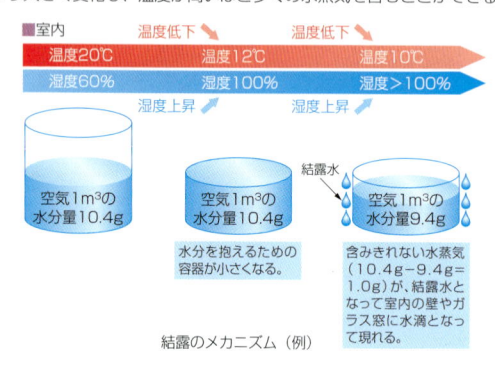

■室内

	温度低下 →	温度低下 →
温度20℃	温度12℃	温度10℃
湿度60%	湿度100%	湿度>100%
	湿度上昇 ↗	湿度上昇 ↗

空気1m³の水分量10.4g	空気1m³の水分量10.4g	結露水 空気1m³の水分量9.4g
	水分を抱えるための容器が小さくなる。	含みきれない水蒸気（10.4g－9.4g＝1.0g）が、結露水となって室内の壁やガラス窓に水滴となって現れる。

結露のメカニズム（例）

結露発生の現象として最もよく目にするのは、冬の暖房をしていない部屋での結露である。これらの湿気は、発生した場所で換気により屋外へ排出しない限り部屋の中にこもり、暖房している部屋で発生した水蒸気が、暖房をしていない温度の低い部屋や押入・クローゼットなどに流れ込み、表面温度が低い窓や壁で結露となる。

❷ 結露のしやすい箇所と発生源

●結露のしやすい箇所
押入やクローゼットなど、室内の温度に比べて低温になる箇所や、空気のよどみやすい箇所は結露が発生しやすい。

　✐ 季節によっても結露が発生しやすい箇所は異なるので注意！

●住まいにおけるおもな湿気の発生源
　✐ 一般家庭（4人）における1日の水分発生量は約10ℓにも及ぶ！
　①キッチンでの炊事や食器洗い
　②浴室からの湯気
　③洗濯や洗面に伴う水分の蒸発
　④人体からの発汗
　⑤開放型暖房器具（石油ストーブ、ファンヒーター等）の燃焼時における水蒸気　✐ 冬季の結露発生で最も多い原因！

●住まい方のアドバイス
結露の発生状況は、建物の断熱性能や施工の良否等の設計・施工上の原因のほかに、居住者の住まい方にも大きく影響される。結露の防止・低減を目的として、居住者に結露の発生原因を説明するとともに、以下のような住まい方のアドバイスをすることが望ましい。
　①適切な暖房器具を使用する（冬季）。
　②室内を過度に加湿しない。
　③換気を十分に行う。
　④季節によって異なる結露のしやすい箇所を把握し、防露対策を図る。

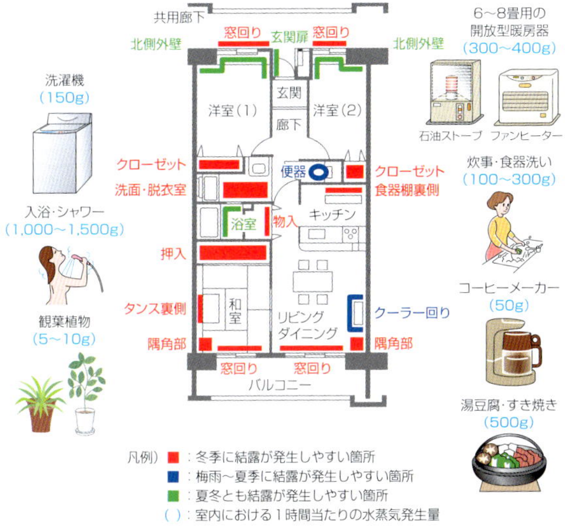

集合住宅における季節別の結露発生箇所とおもな発生源

付録―シックハウス

① シックハウス問題に関する取組み

下表にあるように、わが国のシックハウス問題に関する取組みは平成8年の「健康住宅研究会」に始まり、平成15年7月1日の建築基準法改正の施行に至る。以下の「シックハウス問題に関する取組み」は、平成16年4月現在のもので、実際の運用にあたっては、最新の情報で必ず確認すること。

わが国のシックハウス問題に関する取組み

年	取組み内容
平成8年～平成10年	(旧)建設省・厚生省・通商産業省・林野庁、学識経験者、関連業界団体 [平成8年]「健康住宅研究会」を組織 [平成10年] 3物質、3薬剤を優先取組み物質に指定「室内空気汚染低減のための設計・施工ガイドライン」と「ユーザーズ・マニュアル」を発行
平成12年	農林水産省(JAS) [平成12年4月] ホルムアルデヒド放散量基準の改定 ・Fc0 (0.5mg/ℓ以下) ・Fc1 (1.5mg/ℓ以下) ・Fc2 (5.0mg/ℓ以下)	住宅の品質確保の促進等に関する法律 [平成12年4月]施行 [平成13年8月] ホルムアルデヒド他4化学物質(トルエン、キシレン、エチルベンゼン、スチレン)を特定測定物質に指定 [平成15年4月] アセトアルデヒドを特定測定物質に指定	厚生労働省 [平成9年6月] ホルムアルデヒドの室内濃度指針値(ガイドライン値)を設定 [平成14年1月] 13の化学物質とTVOCの室内濃度指針値(ガイドライン値)を設定
平成13年～平成14年	経済産業省(JIS) [平成13年3月]「デシケーター法」制定 [平成15年1月]「小型チャンバー法」制定 [平成15年3月]「ホルムアルデヒドおよびVOC放散量の基準値・等級、その表示方法等」制定・改正	文部科学省 [平成14年2月]「学校環境衛生の基準」改訂 ホルムアルデヒドを含む4化学物質	
平成15年～16年	建築基準法第28条の2 [平成14年7月]一部改正(公布) [平成14年12月]技術的基準(政令・告示)公布 [平成15年7月]改正法施行 [平成16年4月]学校環境衛生の基準*1、品確法*2改正施行

*1)「エチルベンゼン」と「スチレン」の2物質が追加され、現在はホルムアルデヒドを含む6化学物質となった。
*2)「アセトアルデヒド」が除外され、現在はホルムアルデヒドを含む5化学物質となった。

② 改正建築基準法の概要－技術的基準

●改正建築基準法第28条の2［平成15年7月1日施行］
居室を有する建築物は、その居室内において政令で定める化学物質の発散による衛生上の支障がないよう、建築材料および換気設備について政令で定める技術的基準に適合するものとしなければならない。

規制対象物質 📖 政令第20条の4
建築基準法第28条の2で定める化学物質は、クロルピリホスおよびホルムアルデヒドとする。

●技術的基準（政令・告示）
クロルピリホスに関する建築材料の規制 📖 政令第20条の5第1項第1号
クロルピリホスを添加した建築材料を用いないこと。

ホルムアルデヒドに関する建築材料および換気設備の規制

①内装仕上げの規制 📖 政令第20条の5（第1項第1号以外）
居室の種類および換気回数に応じて、ホルムアルデヒド発散建築材料の面積制限を行う。

内装仕上げの制限

発散速度 mg/m²h	名 称	JIS・JAS	内装仕上げの制限
0.005以下		F☆☆☆☆	制限なし
0.005 超 0.02 以下	第3種ホルムアルデヒド発散建築材料	F☆☆☆ (旧)E₀、Fc₀	使用面積を制限
0.02 超 0.12 以下	第2種ホルムアルデヒド発散建築材料	F☆☆ (旧)E₁、Fc₁	
0.12 超	第1種ホルムアルデヒド発散建築材料	― (旧)E₂、Fc₂、無等級	使用禁止

②換気設備の義務付け 📖 政令第20条の6
ホルムアルデヒド発散建材を使用しない場合でも、家具からの発散があるため、原則としてすべての建築物に機械換気設備の設置を義務付ける。

③天井裏などの制限

📖 政令第20条の6第1項第1号イ(3)など、告示（案）⑤第1項第3号など
天井裏などについては、下地材をホルムアルデヒドの発散の少ない建材とするか、機械換気設備を天井裏等も換気できる構造とする。

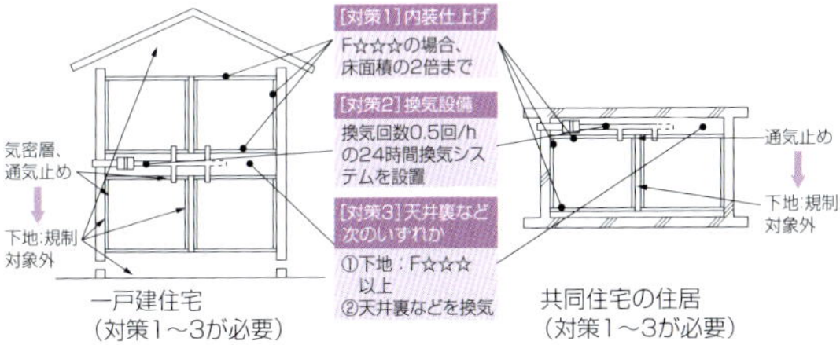

[対策1] 内装仕上げ
F☆☆☆☆の場合、床面積の2倍まで

[対策2] 換気設備
換気回数0.5回/hの24時間換気システムを設置

[対策3] 天井裏など次のいずれか
①下地：F☆☆☆ 以上
②天井裏などを換気

気密層、通気止め

下地 規制対象外

一戸建住宅
（対策1～3が必要）

通気止め

下地 規制対象外

共同住宅の住居
（対策1～3が必要）

付録 — シックハウス

③ 改正建築基準法のポイント

居室の単位
常時開放された開口部(アンダーカットやガラリ)を通じて居室と相互に通気が確保される廊下等も含まれる。

内装仕上げの範囲
壁紙等の透過性のある材料については、壁紙だけでなく、壁紙を貼る接着剤、壁紙を貼ったボードまでが内装仕上げに含まれる。壁紙とはビニルクロスも含まれる。

規制を受けない部分
規制対象となるのは面的な部分である。つまり、柱など軸材や回り縁、窓台、幅木、手摺り等の造作部分、建具枠、間柱、胴縁、部分的に用いる塗料、接着剤等は対象外。

規制を受けない建材
告示で列挙された建材のみが規制を受ける。カーペット等、カーテンや、移動式の家具は建築基準法の対象外。

規制の適用除外
以下の条件で、123ページで示したホルムアルデヒドの規制①〜③は適用除外となる。
・中央管理方式の空気調和設備を設置した居室。
・居室内のホルムアルデヒドの濃度を厚生労働省の指針値、0.1mg/m³以下に保持ができるものとして大臣認定を受けたもの。

天井裏などの範囲
天井裏、小屋裏、床裏(床下)、壁(壁の中)、物置、その他これらに類する部分。この他に、押入等の収納スペースも該当する。

輸入品表示に関する扱い
告示に示されている規制対象建材は、JIS・JASマーク又は大臣認定を取得する。その他木質建材は、規制対象の接着剤で面的に接着した板状のものが対象となる。用いていなければ、大臣認定の必要はなく、その旨の自主表示でよい。用いている場合は、大臣認定が必要。

大臣認定が必要なもの
①規制対象建材のうち、JIS・JASマークのない建築材料。②告示に例示されていない換気設備について。③居室内のホルムアルデヒドの濃度を0.1mg/m³以下に保つことができるもの。

大規模修繕などの扱い
大規模の修繕または大規模の模様替えをした場合も適用される。

VOC
沸点が50〜250℃と比較的低い温度で蒸発する有機化合物のことを、まとめて揮発性有機化合物(VOC:Volatile Organic Compounds)という。

[引用文献]

1) 『建築工事標準仕様書・同解説 JASS 5　鉄筋コンクリート工事』日本建築学会、1997、243頁・解説図7.4、243頁・解説図7.5、244頁・解説図7.6
2) 『建築工事標準仕様書・同解説 JASS 8　防水工事』日本建築学会、2000、333頁・解説表4.7、334頁・解説表4.8
3) 『鉄筋コンクリート造のひび割れ対策指針（設計・施工）・同解説』日本建築学会、1990、42頁・解説図3.6
4) 『鉄筋コンクリート造のひび割れ対策指針（設計・施工）・同解説』日本建築学会、1990、45頁・解説図3.8、45頁・解説図3.9
5) 遠藤勝三「特集 水問題を未然に防ぐ設計術－室内の設計術」、『建築技術』建築技術、1998・5、163頁・図40
6) 『建築工事標準仕様書・同解説 JASS 8　防水工事』日本建築学会、2000、77頁・解説表1.1
7) 国土交通省大臣官房官庁営繕部監修『建築工事監理指針　平成13年版（上巻）』公共建築協会、783頁・図9.2.25
8) 『建築工事標準仕様書・同解説 JASS 8　防水工事』日本建築学会、2000、150頁・解説図1.57
9) 『建築工事標準仕様書・同解説 JASS 8　防水工事』日本建築学会、2000、89頁・解説表1.4
10) 『建築工事標準仕様書・同解説 JASS 8　防水工事』日本建築学会、2000、132頁・解説表1.13
11) 『建築工事標準仕様書・同解説 JASS 8　防水工事』日本建築学会、2000、145頁・解説図1.50
12) 『建築工事標準仕様書・同解説 JASS 8　防水工事』日本建築学会、2000、82頁・解説表1.3
13) 『建築工事標準仕様書・同解説 JASS 19　陶磁器質タイル張り工事』日本建築学会、1996、84頁・表1.3.2
14) 国土交通省大臣官房官庁営繕部監修『建築工事監理指針　平成13年版（下巻）』公共建築協会、525頁・表18.9.3
15) 『建築工事標準仕様書・同解説 JASS 23　吹付け工事』日本建築学会、1998、87頁・解説表3.2.1
16) 『建築工事標準仕様書・同解説 JASS 5　鉄筋コンクリート工事』日本建築学会、1997、145頁・表2.3
17) 『建築工事標準仕様書・同解説 JASS 5　鉄筋コンクリート工事』日本建築学会、1997、282頁・表11.4
18) 『鉄骨工事技術指針―工事現場施工編』日本建築学会、1996、414頁・図9.3.1
19) 『事例に学ぶ　シーリング工事』建築業協会施工部会・シール工事専門部会、2002、43頁・図5.2.35
20) 伊藤次朗『建築外装の構造設計法』理工図書、1997、214頁・表9-1
21) 国土交通省大臣官房官庁営繕部監修『建築工事共通仕様書　平成13年版』公共建築協会、199頁・表14.4.1

[参考文献]

1) 『構造スリット施工管理マニュアル』建築業協会施工部会・構造スリット専門部会、2001
2) 『断熱工事の知恵　知っておきたい不具合事例』建築業協会施工部会・断熱工法専門部会、2002
3) 『はじめてのタイル工事＆左官工事管理』建築業協会施工部会・タイル工事専門部会、1997
4) 『アルミニウム　建材のメンテナンス』軽金属製品協会・日本カーテンウォール工業会・日本サッシ協会、1991
5) 『建築物の遮音・騒音研究会　報告書』日本建設業経営協会中央技術研究所、建築物の遮音・騒音研究会、2001

MEMO

● 執筆

(社)建築業協会施工部会・クレーム防止専門部会
主 査	末原　力	株式会社大林組
副主査	地多利仁	鹿島建設株式会社
	中上明義	株式会社淺沼組
	三浦俊博	北野建設株式会社
	和田高清	西松建設株式会社
	菅原忠弘	株式会社フジタ
	大津留弘道	株式会社森本組

建築携帯ブック クレーム

2003年 4月30日　第1版第1刷発行
2025年 4月20日　第1版第12刷発行

編　者　(社)建築業協会施工部会 ©
発行者　石川泰章
発行所　株式会社 井上書院
　　　　東京都文京区湯島2-17-15 斎藤ビル
　　　　電話(03)5689-5481 FAX(03)5689-5483
　　　　https://www.inoueshoin.co.jp/
　　　　振替00110-2-100535
印刷所　株式会社ディグ
製本所　誠製本株式会社
装　幀　川畑博昭

- 本書の複製権・翻訳権・上映権・譲渡権・公衆送信権(送信可能化権を含む)は株式会社井上書院が保有します。
- JCOPY 〈(一社)出版者著作権管理機構 委託出版物〉
本書の無断複写は著作権法上での例外を除き禁じられています。複写される場合は,そのつど事前に,(一社)出版者著作権管理機構(電話03-5244-5088, FAX03-5244-5089, e-mail:info@jcopy.or.jp)の許諾を得てください。

ISBN978-4-7530-0533-8 C3052 Printed in Japan